AF589716

ÉCONOMIE POLITIQUE

DU

COMTE DE VERRI.

(Par le cit. Chardin, professeur au Prytanée français.)

2113

ÉCONOMIE POLITIQUE

DU

COMTE DE VERRI,

DE L'INSTITUT DES SCIENCES DE BOULOGNE,

TRADUITE DE L'ITALIEN

SUR LA SEPTIÈME ÉDITION;

OU

CONSIDÉRATIONS sur la valeur de l'argent et les moyens d'en faire baisser les intérêts, sur les Banques, la balance du Commerce, l'Agriculture, la Population, les Impôts, etc. etc.

A PARIS,

CHEZ DUCAUROY, IMPRIMEUR-LIBRAIRE, RUE ET MAISON SORBONNE, N°. 382.

AN VIII.

PRÉFACE.

S'il est une science utile, c'est sans contredit celle de l'Economie Politique. Elle intéresse tous les hommes, parce qu'ils ne se sont mis en société que pour être heureux. Ils ne peuvent l'être sans connoître si leurs gouvernans méritent ou non la confiance qu'ils leur ont donnée. Jetons un instant nos regards autour de nous. Que s'y est-il passé depuis certaine époque ? Nous avons vu des tourbillons d'êtres flottant au milieu des tempêtes, s'agiter, se choquer, se détruire mutuellement, et se perdre dans l'horreur du chaos. Nous avons vu une horde de brigans dévorer toutes nos ressources, s'engraisser de nos pleurs, semer par-tout la terreur, l'effroi et la mort. Elle a corrompu les mœurs, détruit tous les principes et chassé la bonne foi du territoire Français. Écrasé sous la masse effrayante des impôts, le peuple est devenu insouciant, insensible et égoïste. Si les circonstances nécessitoient des dépenses énormes, le bon ordre ne commandoit-il pas aussi des épargnes proportionnées ? Tous nos malheurs ne sont donc venus que du gaspillage général, de la mauvaise répartition des impôts et de la perception vicieuse. Nous avions des dettes immenses ; mais quelles vastes ressources nous présentoient les biens nationaux ! Une sage administration eût trouvé dans nos contributions de quoi combler tous nos besoins. Il est vrai que nos satrapes n'auroient pas volé de quoi nourrir des provinces entières. Tel ou tel individu, ennuyé d'être traîné derrière une voiture, n'aûroit point sauté si lestement à la place de son maître en évitant la roue. Je ne prétends pas m'ériger en Aristarque; nous en n'avons malheureusement que trop eu. Je me contente d'offrir au public l'ouvrage d'un être sensible, connu depuis long temps dans toute l'Europe. Je n'y ai rien changé par respect pour l'auteur. Les emplois éminens qu'il a remplis l'ont mis à portée de juger sainement des choses. S'il lui est échappé quelques idées originales et quelquefois bizarres, son livre n'en est pas moins précieux. Il est facile de s'en convaincre dès la première lecture, et d'après les nombreuses éditions qu'on en a faites à Livourne, à Naples, à Genève, à Milan, à Venise, etc. etc.

Il seroit à souhaiter que les

Français eussent moins d'indifférence sur ce qui les touche de plus près ; nous n'eussions point éprouvé ces secousses horribles qui nous ont mis à deux doigts de notre perte. Ce n'est pas que nous ayons jamais manqué d'économistes, de politiques, de jurisconsultes. Où ne s'en trouve-t-il pas? du fond de leur cabinet ils se sont fait des idées abstraites du commerce, des finances et de toute espèce d'industrie. Sans expérience ils nous ont donné leurs rêveries pour des systèmes infaillibles. Au lieu d'examiner la nature et les élemens des choses, et d'étudier les faits, ils n'ont fait que bâtir sur des hypothèses. Je laisse au lecteur à décider si l'ouvrage que je lui présente est au-dessous de sa réputation. J'en ai déja trop dit pour une préface.

DE

L'ÉCONOMIE POLITIQUE.

CHAPITRE PREMIER.

Quel est le commerce des Nations qui ne connoissent pas l'argent.

Les sociétés qui ne connoissent que les besoins de la nature, n'ont et ne doivent avoir que peu de commerce ensemble. Chaque individu se croit heureux quand il n'a pas à redouter la faim, la soif, l'intempérie des saisons et les insultes des bêtes féroces. Il ne soupçonne pas que, loin du sol qu'il habite, la terre puisse produire quelque chose d'utile. C'est pour cela que les nations barbares n'ont de commerce entr'elles que quand elles y sont nécessitées par la famine, ou quelqu'autre malheur. Elles ne peuvent faire que difficilement des échanges ; ou elles obtiennent gratuitement ce qu'elles demandent, ou elles le prennent de vive-force. Le besoin seul détermine leurs actions. Ce besoin est le résultat des idées, et les sauvages en ont fort peu.

Plus un peuple est policé, plus ses idées s'étendent, plus ses besoins se multiplient. Son commerce doit nécessairement suivre la même progression.

Quand les besoins surpassent les facultés, l'état est perdu.

Je n'entreprendrai point de tracer les moyens que doit employer un législateur pour ramener les esprits à un point central; je me contenterai de montrer comment, par une Economie politique bien dirigée, on peut augmenter la puissance d'une nation. A mesure qu'elle s'éloigne de son premier état de barbarie, elle découvre de nouveaux besoins et de nouvelles commodités, et elle est forcée d'augmenter son industrie et la masse de son produit annuel dans la même proportion. Car, outre sa consommation journalière, il faut encore que le superflu corresponde aux denrées qu'elle veut tirer de ses voisins. Mais comment pourra-t-elle établir une parité entre les marchandises qu'elle reçoit et celles qu'elle donne en échange? Leur valeur doit naturellement varier en raison de la diversité des opinions et des besoins particuliers de chaque individu. Il faut donc commencer par convenir d'une mesure générale. Ce défaut de mesure a dû nécessairement arrêter le commerce dans son principe.

Voici un second obstacle qui lui fut aussi nuisible. Une nation pouvoit-elle céder à une autre une partie de ses productions, si elle n'avoit pas besoin de son superflu ? Pouvoit-elle se priver de son nécessaire, pour prendre ce que ses voisins avoient de trop, au risque de le voir perdre avant qu'elle en fît usage.

CHAPITRE II.

De l'argent et de l'accroissement du commerce.

POUR établir entre les états et les particuliers un commerce solide et durable, il falloit d'abord fixer l'idée de la valeur, et trouver une marchandise, incorruptible, divisible, acceptée de tout le monde, facile à garder, à transporter, et propre à échanger contre toute autre marchandise; ce qui n'étoit guères possible avant l'invention de l'argent.

De toutes les définitions qu'on nous a données de l'argent, je n'en ai trouvé aucune qui répondît exactement à sa qualité naturelle. Les uns le considèrent comme la *représentation de la valeur des choses*. Mais n'est-il pas lui-même une chose, un métal dont la valeur est également représentée par ce qu'on reçoit en échange ? Cette propriété de représenter la valeur est commune à toute espèce de marchandises. D'autres le regardent comme *un gage et un moyen de se procurer des marchandises*. Mais sous ce rapport les marchandises sont également un gage et un moyen pour avoir de l'argent. D'autres enfin le définissent, *la mesure commune des choses*. Ils oublient qu'il a une valeur réelle, et qu'il est la matière première des manufactures. Tout ce qui a une valeur peut servir également de mesure à l'argent. Ces définitions sont trop vagues ; l'erreur vient de ce qu'on a voulu regarder l'argent comme quelque chose de plus que du simple métal. L'argent a une empreinte, mais ce n'est pas cette empreinte qui lui donne de la valeur.]

L'argent est la *marchandise universelle* c'est-à-dire qu'en raison de son peu de volume, de sa facilité à être transporté, de sa divisibilité commode, de son incorruptibilité, il a un cours universel. Il représente toutes les marchandises à-la-fois. Cette définition me paroît plus claire et plus intelligible. L'action de vendre et d'acheter n'est qu'un simple échange.

Dès qu'une nation a l'idée de l'argent, l'idée de la valeur commence à devenir plus uniforme, parce que chacun se sert de la mesure générale. Le commerce est libre et sans embarras. Un peuple a-t-il du superflu, il l'échange avec son voisin contre de l'argent.

L'argent est le lien des sociétés, l'ame du commerce, le nerf des gouvernemens. Il rapproche les hommes, il facilite la communication de leurs idées, de leurs sentimens, de leurs goûts, etc. Si nous devons aux beaux arts la régénération des peuples, les beaux arts eux-mêmes ne sont-ils pas redevables à l'argent ?

Plus le commerce est étendu, plus les idées se multiplient, plus les besoins deviennent grands. Chez un peuple cultivateur, l'agriculture marche toujours pararellement avec le commerce. L'homme travaille en raison de ses besoins; plus il fatigue la terre, plus elle produit. C'est donc à tort qu'on a prétendu que le commerce ne s'augmentoit qu'aux dépens de l'agrioulture; il lui donne au contraire plus de force et de vigueur.

CHAPITRE III.

De l'accroissement et de la diminution des richesses dans un état.

Il faut observer deux choses principales, les productions et la consommation. Tout état a ses productions naturelles et mécaniques, il a aussi sa consommation. Quand la somme totale des productions est égale à la somme de la consommation annuelle, la nation reste en équilibre, si toutes les circonstances sont égales. Elle dépérit si la consommation excède la somme des productions annuelles. Elle s'améliore si les productions surpassent la consommation.

Quelques écrivains célèbres, affligés des désordres occasionnés par les taxes, sont tombés dans l'erreur en considérant comme injuste l'impôt qui n'est point réparti sur les fonds de terre. Ils ont formé une secte d'économistes, qui regardent comme inutile tout être qui ne conduit point la charrue. Les artistes, selon eux, ne sont qu'une classe stérile: malgré tout le respect que j'ai pour leurs doctes écrits, je ne puis être de leur avis, ni sur les impôts, dont je traiterai dans la suite, ni sur la caste qu'ils regardent comme stérile. Les productions d'un pays viennent également et de ses manufactures et de son sol. Tous les phénomènes de l'univers, soit qu'ils soient l'ouvrage de l'homme, ou de la nature, ne nous donnent pas l'idée d'une création actuelle; mais seulement d'une modification de la matière. Rapprocher et séparer sont les seuls élémens que l'esprit humain retrouve en analysant l'idée des productions : soit que l'air, la terre et l'eau se changent en grain, soit que l'homme change le métal en ustenciles, ces différentes productions n'ont-elles pas également leur valeur? Des villes, des nations entières ne vivent que du produit de cette classe laborieuse qu'ils appellent stérile. Ses productions comprennent la valeur de la matière première, et la consommation proportionnée des entrepreneurs, des ouvriers et des artistes qui s'enrichissent par leurs talens.

J'ai dit que la nation dont les productions égalent la consommation annuelle étoit en équilibre, et j'ai ajouté, pourvu que toutes les circonstances soient égales; car en les changeant, elle pourroit bien tomber en décadence;

ce qui arriveroit si ses voisins devenoient plus riches et plus puissans ; puisque la force et la puissance, comme toutes les autres qualités des états et de l'individu, ne sont que de pures relations et de simples comparaisons d'un objet avec un autre. Il en seroit encore de même si la population décroissant, la caste laborieuse et celle des consommateurs diminuoient proportionnellement, en soustrayant des deux côtés deux quantités égales en valeur.

Quand la consommation annuelle est plus grande que les productions annuelles, la nation doit nécessairement tomber ; puisqu'outre l'usufruit qu'elle consomme, elle diminue encore son capital. Mais cette nation, comme on le voit, ne peut passer certaines limites, ni continuer à perdre toujours ; car, ou le nombre des consommateurs qui correspond à la dette nationale sera nécessité de partir, ou de se changer en cultivateurs, pour rendre les deux quantités égales. La nation en ce cas trouve dans son mal le remède qui lui convient. Si elle n'en fait pas usage, la population diminuera, l'état s'affoiblira jusqu'à ce que l'équilibre soit rétabli. Si les consommateurs se séparent de l'état, la population diminuera, et cette perte-là même rétablira l'équilibre :

si au contraire la caste laborieuse augmente, l'état deviendra plus florissant. Si dans le corps humain le sang trop agité menace de rompre les veines, on y remédie, ou en diminuant la masse des fluides, ou en augmentant l'élasticité des conduits. Il en est de même du corps politique : si la consommation est plus grande que les productions, on diminue la première, ou on augmente les productions. L'homme, comme l'état, s'affoiblit quand il faut retrancher de ses besoins. Le mal qui résulte d'une trop grande consommation nous porte par lui-même à augmenter les productions. Le cultivateur travaille avec plus de zèle, quand il est sûr du débit ; et plus il y a de consommateurs, plus on trouve de facilité à vendre. En ce cas, le malheur d'une nation, comme je l'ai dit, devient un bien pour elle. Mais quand le gouvernement et la nature ne secondent point l'artisan, il faut de toute nécessité que la population diminue, et que l'état s'affoiblisse, pour rétablir l'équilibre.

Dans une nation où les productions sont plus grandes que la consommation annuelle, l'argent augmentera naturellement. Devenu plus commun que chez les peuples voisins, il feroit monter le prix des productions à un tel point qu'elles ne pourroient plus sortir du pays. Les étrangers chercheroient à s'en procurer ailleurs, sur-tout si l'argent chez eux avoit moins de circulation, comme nous en parlerons dans la suite. Mais l'argent qui est le fruit de l'industrie, multipliera les besoins; car, plus un homme a de desirs, plus il a de besoins, et il a d'autant plus de desirs, qu'il trouve de facilité à les satisfaire. Cette facilité augmente en raison des moyens. Il s'ensuit de là que tout individu en s'enrichissant fera plus de consommation. Les productions augmenteront à mesure que le débit en sera plus prompt, les artistes se multiplieront en proportion de la circulation, le commerce s'étendra à mesure qu'il en trouvera plus de moyens, comme nous le verrons dans la suite. Ainsi, l'argent, qui est le fruit de l'industrie, passant rapidement de main en main, compensera les mauvais effets qui résulteroient de sa trop grande quantité. Voilà comme la nature-même, si elle agissoit seule, traiteroit les hommes en mère bienfaisante; corrigeant d'un côté les excès et les abus, distribuant de l'autre les biens et les maux en raison de l'activité et de la sagesse des peuples, et ne leur laissant que cette seule inégalité qui sert à tenir en action les desirs et l'industrie, comme la pression des corps célestes produit le flux et le reflux de la mer et prévient la corruption. Mais la politique aveuglée par le funeste amour de la perfection, égare souvent le législateur, et met plus ou moins d'obstacles à cet équilibre où tendent toutes les causes morales et physiques.

CHAPITRE IV.

Principes moteurs du commerce et analyse du prix.

Comme tout contrat consiste dans l'action de transférer sa propriété, ainsi le commerce, considéré physiquement, n'est autre chose que le transport des marchandises d'un lieu à un autre. Ce transport se fait en raison de l'utilité qu'on y trouve. L'utilité se mesure par la diversité du prix des marchandises; de sorte que nous ne transporterons plus chez une nation étrangère aucune denrée, si elle ne la paye plus qu'elle ne coûte chez nous; car il faut compenser les frais de transport, la peine que l'on prend, le retard des paiemens et les dangers qui peuvent résulter de ce retard. Dès que l'on entendra bien les élémens qui constituent le prix des choses, on connoîtra le principe moteur du commerce, et l'on aura la base de ce grand arbre, dont on n'a considéré que les branches.

Le prix, exactement parlant, signifie la quantité d'une chose que l'on donne pour en avoir une autre. Si un peuple, qui ne connoît pas l'argent, donne en été un muid de blé pour trois brebis, et qu'il veuille avoir en automne quatre brebis pour ce même muid de blé; j'en conclus que dans cet état, le blé est plus cher en automne; et les brebis plus chères en été. Avant l'invention de l'argent, on ne pouvoit avoir les idées de vendre et d'acheter, mais seulement de proposer et d'accepter un échange. Quand l'argent fut en circulation, on donna le nom d'acquéreur à celui qui échangea de l'argent contre une autre marchandise, et le nom de vendeur à celui qui troqua une chose quelconque pour de l'argent.

Chez nous, qui connoissons l'usage de l'argent, le mot *prix*, signifie *la quantité d'argent que l'on donne pour une autre marchandise*. Ceci a lieu parce que les hommes en général ne s'aperçoivent pas que le prix même de l'argent varie. Les clameurs universelles des peuples qui se plaignent de ce que tout est renchéri, prouvent que le numéraire a moins de valeur.

Le prix commun est celui qui ne laisse ni perte ni gain sensibles, soit que l'acquéreur revende ce qu'il a acheté, ou que le vendeur rachete ce qu'il a vendu. Que le prix de la soie, par exemple, soit d'un écu la livre, je dis que celui qui possède cent livres de soie est aussi riche que celui qui a cent écus; puisque le premier peut facilement se procurer cent écus en cédant sa soie, et le second cent livres de soie en cédant cent écus. Si l'un ou l'autre trouvoit plus de difficultés à faire cet échange, je dirois que le prix commun est celui qui ne cause aux parties contractantes aucun déficit.

Il est à remarquer que le prix commun dépendant de l'opinion commune, ne peut se trouver que dans les marchandises courantes. Celles qui sont plus rares et moins en usage, doivent nécessairement avoir un prix arbitraire et variable, qui ne dépend que de l'opinion de quelques individus, et n'est point exposé aux contestations d'un marché libre, où chaque particulier vient disputer ses intérêts pour se mettre au niveau.

Quels sont donc les élémens qui constituent le prix? Il n'est certainement point basé sur la seule utilité. Pour nous en convaincre, il suffit de réfléchir que l'eau, l'air, et la lumière du soleil n'ont aucun prix, et cependant y a-t-il rien de plus utile et de plus nécessaire? Tout ce que l'on peut communément se procurer n'a pas de prix; donc l'utilité simple et pure d'une chose ne suffit pas pour lui en donner. Néanmoins la seule rareté lui en donne. Une médaille, une antique, une curiosité d'histoire naturelle, et semblables objets, quoique fort précieux aux yeux des amateurs, seroient de nulle valeur au marché.

L'abondance d'une marchandise influe sur le prix; mais par le mot d'abondance, je n'entends point la quantité absolue qui existe, mais la quantité de celle qu'on met en vente. Toute marchandise qui n'est point exposée au grand jour, est comme non existante; elle ne peut influer sur le prix. Je dirai donc que l'abondance absolue n'est pas un élément du prix, mais bien l'abondance apparente. Le prix augmente précisément, tout le reste étant égal, en raison de la rareté de la chose que l'on recherche.

Deux principes réunis constituent le prix des choses, le besoin et la rareté. Plus ces deux principes réunis ont de force, plus le prix augmente ; et conséquemment, plus il y a abondance d'une chose, moins il y a de besoins, et moins elle est chère.

Qu'on fasse attention que quand on se sert du mot besoin en parlant de marché, ou de l'échange d'une chose contre une autre, on n'entend point un sinonyme de desir, *mais la préférence que l'on donne à la marchandise que l'on recherche, comparée à celle que l'on veut céder. Besoin* signifiera donc *l'excès de l'estime que l'on fait de la marchandise qu'on desire, comparée à celle que l'on veut céder*. Je m'explique : quelle idée nous donne le mot *besoin* considéré comme élément du prix ? J'ai de l'argent, et je veux acheter quelque chose. Si je n'ai pas dessein de conserver mon argent, je dis alors que j'ai grand besoin de la marchandise que je veux me procurer. Si au contraire le desir de garder mon argent est aussi grand que le desir d'avoir la marchandise, je dis alors que deux desirs opposés se détruisent, et le besoin qui influe sur le prix sera nul, parce que réellement je ne ferai pas d'offre. Un avare aura mille desirs pour mille objets de luxe, mais le desir de garder son argent étant plus fort, il n'offrira jamais aucun prix pour ces objets.

Il n'y a donc que l'*excès de l'estime de la marchandise qu'on desire*, *comparée à celle qu'on veut céder*, qui influe sur le prix, et cet excès, cette quantité, s'appelle besoin. Il s'ensuit que dans un pays oú le numéraire est très-abondant, il perdra de sa valeur dans l'opinion pubique, et il faudra en donner une plus grande quantité pour chaque objet qu'on voudra se procurer, si les besoins n'augmentent pas dans la même proportion. Supposons deux peuples isolés, et qui n'aient aucune relation extérieure; donnons à leur pays la même étendue, le même nombre d'habitans, le même climat, les mêmes lois, le même gouvernement, et les mêmes mœurs; que la somme du numéraire en circulation soit chez l'un une fois plus grande que chez l'autre; je dis que le prix des marchandises doublera chez celui qui a le double d'argent. Pour rendre les prix égaux dans les deux états, il faut que les besoins et la consommation doublent là où il y a le double d'argent; puisque l'augmentation de la dépense produit l'augmentation proportionnelle des vendeurs et des ouvriers; comme je le dirai tout-à-l'heure, alors les richesses seroient dans la même proportion dans les deux pays supposés. Le numéraire qui entre dans un état par le canal de l'industrie, se répand sur la masse du peuple, et augmente en lui le desir d'acquérir. Il en résulte que plus il circule, plus il est divisé, plus il conserve sa valeur, et moins le prix des marchaudises augmente. En effet, comme je l'ai dit, chapitre III, à mesure qu'une nation s'enrichit, le particulier étend le cercle de ses desirs; il pense à se procurer de nouvelles commodités, en raison de la possibilité qu'il y trouve. Plus chaque individu a d'argent, plus il veut faire d'emplettes; il faut donc qu'il divise son argent entre tous les vendeurs de qui il achète. Voilà pourquoi il arrive que l'augmentation du numéraire se fait graduellement, et dans une juste répartition, sans rien perdre de sa valeur, et que le prix des choses reste toujours le même; puisque le desir de faire une plus grande consommation suivant la progression de l'argent, le debit des denrées se fera dans la même proportion.

J'ai dit que l'augmentation du débit nécessitoit l'augmentation proportionnelle des vendeurs et des ouvriers; parce que plus il y a d'acquéreurs, plus il y a de gain à être vendeur; et plus il y a de vendeurs, plus les ouvriers se multiplient. Mais on ne pourroit prendre l'inverse de cette théorie. Ce seroit une absurdité de dire : plus le nombre des vendeurs augmente dans un état, plus les acquéreurs doivent se multiplier.

L'augmentation des acquéreurs donne un plus grand intérêt à se faire vendeur; mais l'augmentation des vendeurs ne donne pas le même intérêt à devenir acquéreur. On s'attache au trafic d'une marchandise, parce qu'elle est en vogue; plus elle est courue, plus elle se débite, et plus conséquemment on la cultive; mais ce n'est pas l'augmentation du nombre des vendeurs et des ouvriers qui en augmente le débit. Dans un pays où l'on aime à lire et à cultiver son esprit, les libraires s'y multiplient; mais il ne suffit pas qu'ils se multiplient chez un peuple grossier pour qu'il y ait plus de lecteurs. On verra au chapitre V, ce que j'entends par vendeurs, acquéreurs et cultivateurs. Je ne puis diviser les classes de manière qu'un homme ne soit dans le même jour tantôt de l'une et tantôt de l'autre.

L'abondance apparente, c'est-à-dire, celle

qui contribue à former le prix, augmente et diminue avec la quantité des marchandises mises en vente, et cette quantité se mesure par le nombre des vendeurs. Pour connoître cette vérité, que l'on considère que s'il y avoit dans une ville des vivres pour un an, et que ces vivres fussent entre les mains d'un seul vendeur, il ne conduiroit tous les jours au marché que la seule quantité proportionnée à la vente du jour; ainsi la mise en vente seroit au *minimum*, de même que l'abondance apparente; conséquemment le prix seroit le plus haut possible, puisqu'il ne dépendroit que de l'équité de ce vendeur despote.

Supposons tous les vivres divisés entre deux vendeurs; s'ils font un accord entre eux, nous sommes dans le premier cas; mais s'ils n'en font point, il y aura entre eux un principe d'envie, parce que, malgré le gain que l'on peut faire en fournissant des vivres à la moitié d'une ville, l'homme desire toujours plus. Ils commenceront tous deux à spéculer quel profit ils retireroient en rabaissant le prix, et calculeroient si la quantité qu'ils peuvent vendre compenseroit ce rabais, et leur laisseroit plus de profit. Si un troisième, un quatrième, un cinquième vendeur, et ainsi de suite, se présentent avec la même marchandise, la portion que chacun d'eux pourroit vendre, deviendra plus petite, ainsi que la perte qu'ils pourroient faire en diminuant le prix; elle sera réparée plus facilement par un plus grand débit. C'est ainsi que voulant tous accaparer l'argent, ils mettent plus de marchandises en vente, l'abondance apparente augmente, et le prix diminue. D'après ce principe, plus il y aura de vendeurs, plus la quantité du débit compensera la diminution du prix. L'émulation et la concurrence seront toujours de puissans aiguillons. Le prix des marchandises diminuera donc en proportion de l'abondance apparente. C'est pour cela que je dis plus bas: l'abondance apparente se mesure par le nombre des vendeurs.

J'ai avancé que le besoin se mesuroit par l'excès de l'estime que l'on fait de la marchandise qu'on desire, comparée à celle que l'on veut céder. Ceci est vrai; mais considérant la masse totale de la société, de quelle règle nous servirons-nous pour mesurer la quantité des besoins? Je dis que le nombre des acquéreurs sera une règle, peu exacte à la vérité pour un géomètre, mais la seule qui le soit dans la pratique. Pour nous en convaincre, reprenons l'exemple que j'ai donné. Si un seul individu accapare une marchandise, on a vu que l'abondance apparente sera au *minimum*. Mais s'il n'y a qu'un seul acquéreur de cette marchandise, le besoin sera aussi au *minimum*; puisque le prix dépendra du conflit égal de deux seules opinions. Si, au lieu d'un seul acquéreur, il y en a deux, l'accapareur pourra hausser le prix; et ainsi de suite, à mesure que le nombre des acquéreurs augmentera. Tout le reste étant égal, le besoin qui constitue le prixaugmentera également. C'est donc d'après le nombre des acquéreurs qu'il faut constater la quantité des besoins qui influentsur le prix.

Que le nombre des vendeurs augmente, tout le reste étant égal, l'abondance augmentera, et le prix baissera. Que les acquéreurs se multiplient, le reste étant égal, le besoin augmentera, et le prix haussera. Le prix des choses dépend donc du nombre des vendeurs comparé à celui des acquéreurs. Plus les premiers se multiplient, ou plus les seconds diminuent, plus le prix baissera; et *vice versâ*. Un géomètre diroit: le nombre des vendeurs étant égal, le prix sera proportionnel au nombre des acquéreurs. Le prix croît en raison de la diminution du nombre des vendeurs.

En compposant les deux raisons, et subtituant le nombre inégal desvendeurs et des acquéreurs, le nombre des vendeurs sera en raison directe de celui des acquéreurs, et en raison inverse du prix ; le nombre des acquéreurs, en raison composée de celui des vendeurs et du prix. *Le prix sera en raison directe du nombre des acquéreurs, et en raison inverse du nombre des vendeurs.*

Mais ces proportions sont prochainement justes, puisqu'à la rigueur les acquéreurs devroient être égaux en nombre, pour que l'exactitude géométrique s'en contentât. La quantité que chaque particulier met en vente, et que chaque particulier achète, n'est pas toujours la même, et un homme qui cherche une chose n'a pas le même pouvoir d'influer sur le prix, que celui qui en cherche dix. Néanmoins dix individus qui veulent acheter une même marchandise feront plus hausser le prix qu'un seul qui veut accaparer le tout, et cela par les raisons que nous avons dites. Ces proportions sont donc prochainement vraies, puisque, dans la pratique, elles seront toujours conformes au fait.

Si donc le commerce d'une nation avec une autre est inhérent au transport des marchandises; si ce transport a pour base l'utilité; s'il dépend de la seule diversité du prix; si ce prix est fondé sur la comparaison entre le nombre des acquéreurs et celui des vendeurs, il en résultera qu'une nation trouvera d'autant plus de moyens d'exporter ce qu'elle a de superflu, qu'elle aura plus de vendeurs, et que le peuple chez qui elle veut l'exporter en aura moins, et conséquemment, que les acquéreurs étrangers seront plus nombreux que ceux de l'intérieur; ainsi, une nation recevra d'autant moins de marchandises des étrangers, qu'elle aura chez elle plus de particuliers qui en vendent, et moins qui en achètent, et qu'il y aura chez l'étranger moins de vendeurs et plus d'acquéreurs.

L'enchaînement de ces conséquences est simple et facile, autant qu'il me paroît: on n'exporteroit plus de marchandises d'un lieu à un autre, si on ne pouvoit les vendre plus cher pour compenser les frais de transport, les taxes des douanes, les risques que l'on court, l'intérêt du capital, et sur-tout procurer du profit au marchand. La diversité qui règne entre le prix de l'intérieur et de l'extérieur excite davantage à l'exportation, et plus grande sera cette diversité du prix, ou plus nos marchandises seront chères chez l'étranger, plus nous en exporterons. Pour placer avantageusement notre superflu, et rendre notre commerce plus florissant, il faut que le prix des marchandises que nous voulons vendre soit au *maximum* chez l'étranger, et au *minimum* chez nous. Le prix d'une chose baisse chez nous quand nous avons beaucoup de vendeurs et peu d'acquéreurs; le prix hausse chez nos voisins, quand ils ont peu de vendeurs et beaucoup d'acquéreurs. D'après ce principe, on diminuera la partie de la dette nationale à mesure que nous ferons moins de consommation des marchandises étrangères; ceci aura lieu quand le prix de ces marchandises ne sera pas plus haut ou guères plus haut chez nous que dans le lieu d'où elles viennent, ce qui arrivera quand nous aurons chez nous beaucoup de particuliers qui en vendent et peu qui en achètent, et qu'il y aura au contraire peu de vendeurs et beaucoup d'acquéreurs chez le peuple d'où nous les avons tirées. Tout ceci n'est que l'application du même principe. Je sens combien toutes ces recherches sont naturellement arides; mais quelque abstraites que soient ces idées, que je ne donne point pour nouvelles, j'espère que le lecteur ne se repentira pas de la fatigue que je lui ai causée. Ces élémens une fois connus, il est facile de les lier et de les combiner; on peut en faire usage en plusieurs circonstances où l'esprit abandonné à lui-même ne sait de quel côté diriger sa marche.

CHAPITRE V.

Principes généraux de l'Économie.

Ces premiers principes qui me semblent prouvés, servent de base à beaucoup d'opérations qui ont pour but d'augmenter l'industrie d'un peuple, sa population, ses facultés, sa force et ses productions. Augmenter, autant que l'on peut, le nombre des vendeurs de toute espèce, et diminuer celui des acquéreurs, voilà les gonds sur lesquels roulent toutes les opérations de l'Économie politique. Quoique l'on ne distingue pas quelquefois exactement le cercle de ces deux idées dans la direction des opérations publiques, il est de fait cependant qu'elles tendent toutes vers l'un de ces deux principes.

Le but de l'Economie politique, est d'augmenter les productions annuelles, ce qui ne peut se faire que par l'exportation prompte et facile de tout ce qui est superflu dans l'état; encore faut-il que le prix des marchandises soit plus bas dans l'intérieur que chez l'étranger, ou, comme je l'ai dit, que les vendeurs aient la plus grande proportion possible. Quelquefois les opérations tendent à diminuer le nombre des acquéreurs, et quelquefois à multiplier les vendeurs. Il semble que l'un et l'autre de ces deux moyens conduise au même but; mais je dirai dans la suite quels sont les effets différens qui en résultent, et comment tout équilibre établi par addition, augmente la force d'un état, établi par soustraction, il l'entraîne vers sa ruine.

Quand je dis que les vendeurs doivent être aux acquéreurs dans la plus grande proportion possible, je ne distingue pas la classe des hommes, de manière qu'un même individu ne puisse agir dans l'une et dans l'autre. Toute nation est naturellement composée de vendeurs et d'acquéreurs. Tout vendeur d'une marchandise est, et doit être acquéreur de toutes celles qu'il consomme. Tout particulier est vendeur, par cela même qu'il doit être acquéreur; puisque l'homme sans besoins resteroit dans l'inertie. Il ne travaille que pour se procurer ce qui lui est nécessaire. L'état qui consomme ses productions n'est point exposé à perdre. La consommation d'une production étrangère produit un *déficit ;* une production qu'on ne consomme point dans le pays et qu'on exporte, produit un *bénéfice*.

J'ai dit un peu plus haut que toutes les opérations de l'Economie politique reviennent à deux principes : augmenter les vendeurs, ou diminuer les acquéreurs. De quels moyens nous servirons-nous pour établir la plus grande proportion possible entre les vendeurs et les acquéreurs ? aurons-nous recours à des lois coërcitives ? les lois seront-elles indirectes ? c'est ce que nous allons examiner.

CHAPITRE VI.

Distribution vicieuse des richesses.

Le nombre des vendeurs sera toujours plus grand dans une nation, si les richesses sont réparties le plus également possible, et sur un plus grand nombre d'individus. Nous voyons en effet que dans les pays où la disproportion des richesses nous présente le contraste affligeant du peuple nu et affamé, qui admire dans les rues le faste orgueilleux de quelques particuliers chargés de bien, il y a peu de vendeurs et beaucoup d'acquéreurs; le prix des marchandises est si haut qu'on peut n'en faire qu'une très-modique exportation. Les productions annuelles se réduisent à peine au nécessaire ; la terre que foulent les oppresseurs est nue et stérile ; tout languit dans l'attente d'un législateur qui ait les facultés, le pouvoir et la volonté de rétablir l'ordre, ce qui est si rare ; ou bien le malheur porté au dernier degré, le malheur, ce grand maître, déchire le bandeau de l'erreur, et montre la vérité à découvert.

Qand les richesses sont concentrées entre les mains d'un petit nombre de particuliers, le peuple est nécessité à recevoir d'eux son éxistence. Ils haussent à leur gré le prix des denrées, et tiennent la nation dans une dépendance pénible. Par un monopole honteux, ils accaparent toutes les branches du commerce, et soufflent souvent une famine artificielle. Cette nation ne jouira jamais des douceurs de l'abondance et de la liberté ; elle ne connoîtra pas le commerce, et négligera l'agriculture. Si la disproportion des richesses réside dans la division des fonds de terre, je soutiens que l'agriculture en général ne prospérera jamais; parce que si le riche propriétaire fait cultiver lui-même ses vastes domaines, au lieu de veiller sur les travaux, il s'endormira dans la mollesse, et ses campagnes en soufriront. Si au contraire il afferme ses biens, le fermier cherchera à tirer du fond le plus qu'il pourra pendant la durée de son bail, sans s'inquiéter si la terre s'apauvrit, et deviendra stérile quand elle ne lui apartiendra plus. Le propriétaire moins riche, forcé par ses propres besoins, capable de surveiller une étendue limitée, travaillant avec prudence à la conservation et à la fécondité de son petit domaine, en tirera des récoltes abondantes. Les productions réparties dans leur origine entre un plus grand nombre de propriétaires, sont vendues à meilleur marché. Il est facile à une association de plusieurs propriétaires d'entretenir et d'enrichir un district, et très-difficile à un seul. Il est de fait que dans les grandes propriétés, l'agriculture est toujours négligée. Tout canton, au contraire, partagé entre un grand nombre de propriétaires est mieux entretenu, l'agriculture y est plus active et plus industrieuse, le terrain y fût-il peu fertile.

La loi agraire des Romains, le jubilé des Israélites, différentes lois de Licurgue et d'autres législateurs anciens, avoient pour but de restreindre les grandes propriétés, et de conserver la subdivision des fonds. Ces lois étoient directes, elles vouloient conserver la forme de la république; mais elles étoient nuisibles à l'industrie. L'uniformité perpétuelle exactement observée détruiroit l'émulation, elle émousseroit l'aiguillon des besoins, tout languiroit, et la société tendroit à tomber dans la barbarie. La consommation auroit pour objet les seules productions indigènes, et ces productions n'excéderoient pas les besoins physiques. Les lois directes peuvent bien éloigner les délits, mais jamais encourager l'industrie.

Dans la trop grande inégalité des fortunes, comme dans leur parfaite égalité, les productions annuelles se restreignent au pur nécessaire et l'industrie s'anéantit, puisque le peuple tombe dans l'inertie, soit qu'il désespère de changer son sort, soit qu'il n'ait rien à redouter de la fortune.

Une nation qui tient le milieu entre ces deux

extrêmes, c'est-à-dire, où le peuple n'est point réduit à une honteuse pauvreté, et qu'il peut espérer d'améliorer son état; cette nation, dis-je, est susceptible de recevoir les plus heureuses impressions. Si elle n'est point encore à ce point, il faut d'abord l'y ammener.

Pour diminuer les patrimoines quand ils sont trop grands, et faire autant de propriétaires qu'il est possible, il ne faut point se servir de moyens directs; ce seroit un attentat contre la propriété qui est la base de la justice dans toute société civilisée. On arrive au même but indirectement, quand dans l'ordre des successions, la loi autorise tout individu à jouir de l'héritage de ses pères, sans avoir égard à son sexe, ni au temps de sa naissance; quand il n'est permis d'aliéner aucun fonds de terre, aucun bien quelconque de la circulation générale; quand on rabaissera la grandeur de quelques particuliers, si elle est usurpée, ou qu'on la rendra plus commune; quand le législateur proscrira, plutôt par son exemple que par ses édits, tout article de luxe étranger, de pure ostentation; quand, dis je, on se servira de ces moyens indirects, quoiqu'ils soient d'abord lents, jamais ils ne manqueront leur but, si on les maintient en vigueur.

On généralisera insensiblement toutes les propriétés.

Il faut combiner ces opérations avec plus ou moins d'énergie, en raison de la circulation civile d'un peuple. L'égalité possible étant, comme on le voit, plus conforme à un état populaire et despotique ; et la distinction et la perpétuité des castes plus propres à un état monarchique et aristocratique.

CHAPITRE VII.

Des corps des Marchands et des Artisans.

Dans une nation donc où les fortunes sont distribuées de manière que le peuple trouve abondamment son nécessaire, et puisse avec son industrie se procurer des jouissances ; dans cette nation, dis-je, il suffiroit que les lois n'eussent point mis d'obstacles à ceux que le nombre des vendeurs fut le plus grand possible ; puisque là où l'industrie est libre et a toute son activité naturelle, chaque profession trouve de l'encouragement en raison de son utilité.

Mais dans tout pays les législateurs, plus

ou moins séduits par un esprit d'ordre mal calculé, ont cherché à compasser et à modeler ce mouvement volontaire de la société. On peut bien en connoître les lois en faisant un examen sérieux des phénomènes politiques; mais il est impossible de les prescrire d'avance; comme il est arrivé dans les langues que les grammairiens n'ont jamais pu organiser à leur gré, mais ils ne les ont raisonnées qu'après leur formation; et cette formation fut l'ouvrage d'une masse d'hommes libres.

Toutes les nations ont eu la funeste idée de concentrer les arts, de réunir chaque branche de commerce à une corporation particulière, et de lui donner ses statuts, de prescrire le temps de l'apprentissage, et les qualités requises pour être reçu. La plupart des peuples ont encore conservé cette coutume qui a une certaine apparence de sagesse. Il semble qu'elle assure le service public et la fidélité dans le commerce, qu'elle contribue à la perfection des métiers, qu'elle empêche que des hommes sans pratique et sans talens puissent tromper leurs concitoyens, et décréditer leurs productions chez l'étranger.

Quiconque se donnera la peine d'examiner de près ces institutions, s'apercevra bientôt qu'elles captivent l'industrie, qu'elles concentrent les arts et les différentes branches de commerce entre les mains de quelques particuliers; qu'elles soumettent les fabricans et les marchands à des impôts onéreux, et retiennent les manufactures dans les bornes de la médiocrité et quelquefois au-dessous. Des procès continuels entre les corporations et les membres; des dépenses inutiles et dangereuses prises sur la caisse commune, qui retombent toujours sur chaque individu; des pertes de temps pour de vaines formalités, et des offices bizarres, des véxations occasionnées par les petits magistrats de ces républiques ridicules; des jalousies, des haines, des guerres suscitées contre ceux qui ont plus d'industrie ou de talens; tel est le tableau que nous présentent ces corporations examinées de près. Animées par un esprit de parti et de monopole, elles ne tendent qu'à renfermer dans la plus petite sphère possible, l'utilité de leur commerce. On peut juger par les effets combien on s'est trompé en formant de telles sociétés. L'examen qu'on fait des apprentifs se réduit ordinairement à en tirer une certaine somme. Il s'ensuit que celui qui est pauvre, ne pouvant la payer, est nécessité, ou à porter ses talens chez l'étranger, ou à prendre un autre parti. Mais cet examen n'empêche pas qu'il y ait de très-mauvais ouvriers reçus et approuvés par ces corporations, comme l'expérience le prouve. Ce que je dis de l'impéritie peut s'appliquer encore à la mauvaise foi à laquelle on ne fait pas plus d'attention, parce que l'amour du gain est plus fort dans ces corporations que les principes moraux. Le seul effet que produisent donc ces sociétés, est de diminuer dans l'intérieur le nombre des vendeurs, et conséquemment d'augmenter le prix des marchandises, de restreindre le commerce, de mettre un frein à l'industrie, et de diminuer les productions annuelles.

Il est un art qu'on doit surveiller de près, c'est la pharmacie. Le genre humain courroit de trop grands dangers si on ne bornoit pas le nombre des apothicaires. Mais ces mesures n'ont rapport qu'aux progrès de la saine médecine, et non à l'Economie politique. Il est nécessaire de donner liberté entière aux orfèvres, aux drappiers et aux tanneurs; mais à condition qu'on n'apposera le sceau national qu'à l'or et à l'argent de vrai titre, qu'aux draps et aux cuirs préparés d'après les lois.

Une sage politique peut facilement remédier aux anciens priviléges des corporations des arts, et aux dettes qu'elles ont contractées. Si ces corporations supportent la charge d'un tribut partial, il sera aisé de trouver un fonds auquel on pourra l'appliquer sans risque. Qu'on laisse une libre carrière à quiconque voudra exercer son industrie ; que le législateur fasse multiplier les vendeurs dans toutes les branches de commerce, il verra bientôt l'émulation, et le desir d'améliorer son état, réveiller les esprits. Le peuple deviendra plus actif, les arts se perfectionneront, le prix des marchandises diminuera, l'abondance coulera par-tout où elle sera guidée par l'émulation, sa compagne inséparable ; comme on voit un arbre attaché artificiellement dans ces places stériles qu'on appelle jardins, contraint de prendre une forme que ne lui avoit point donnée la nature, il végète et languit ; mais sitôt qu'une main bienfaisante a rompu ses liens, la sève coule dans ses veines, il prend une nouvelle vie, se couvre de feuillage, et élève dans les cieux sa tête chargée de fruits ; ainsi, il arrive dans la société que l'homme reprend une nouvelle vigueur, quand le desir d'améliorer son sort ne rencontre pas d'obstacle, et qu'il peut donner un libre essor à son industrie.

L'acquéreur est toujours le moins passionné et le plus équitable, et le vendeur, mal-adroit ou indiscret restera sans pratiques, et faute de vendre il sera nécessité ou à se corriger, ou à quitter le métier. Les corporations des arts et métiers ne produisent donc pas le bien qu'on en attendoit. Elles tendent, comme je l'ai dit, à diminuer les productions annuelles, et à rendre la nation stérile. Leur destruction sera un bienfait pour la société; on multipliera le nombre des vendeurs. Faut-il donc que le législateur abandonne l'objet des arts et métiers? Non, il les protégera par de sages lois, il établira une méthode facile, courte et sans frais, avec laquelle chacun pourra avoir recours à la force publique quand on lui aura manqué de foi. Il punira sévèrement quiconque fait une banqueroute frauduleuse. Il aidera l'honnête marchand qui est dans la peine, et le créancier accablé par les retards. Il fera religieusement observer la foi des contrats; il dictera les conditions qui doivent rendre authentiques les livres des négocians. Il veillera à ce que les manufactures nationales ne donnent point à leurs productions l'empreinte publique si elles n'ont les conditions requises. Il protégera celles qu'il a approuvées, et les exemptera de tout impôt. Il entretiendra l'émulation entre les manufactures étrangères, par un impôt sagement réparti. Il mettra le fabricant, le marchand et l'ouvrier à l'abri des vexations des financiers. Quiconque trompera ou dans le poids, ou dans la qualité, ou dans la mesure, sera puni sur-le-champ. Tels sont les devoirs d'un législateur, pour faire fleurir le commerce.

CHAPITRE VIII.

Des lois qui prohibent l'exportation des marchandises.

Les lois ont mis un autre obstacle à l'accroissement des vendeurs, en défendant l'exportation de quelques productions naturelles. On a craint qu'on ne portât chez l'étranger une partie de notre nécessaire ; et par un principe bien respectable, on a fait chez presque toutes les nations des lois contre l'exportation des productions les plus précieuses, telles que les matières premières des manufactures. On avoit pour but de faire prospérer les fabriques de l'intérieur, et d'empêcher les étrangers d'entrer en concurrence avec elles.

Ou ces lois prohibitives sont généralement observées, ou elles ne le sont pas. Si elles le sont de manière à rendre impossible toute exportation, je dis que la culture de cette branche de commerce se bornera à la consommation intérieure, puisque tout ce qui excéderoit cette consommation seroit de nulle valeur. Ainsi, tous les détailleurs de cette marchandise, craignant la non-valeur, céderont à l'astuce de quelques riches négocians qui l'accapareront, et, restreignant le nombre des marchands, ils diminueront l'abondance dans l'intérieur. Mais s'il se trouve quelques particuliers privilégiés, ou assez adroits pour tromper la vigilance du législateur, il est évident qu'ils accapareront tout, et trouveront leur avantage à faire naître la disette que les lois vouloient précisément éviter. La politique est remplie de paradoxes, parce que les fils qui unissent les causes aux effets sont très-déliés, et que les hommes ne considérent que les objets confusément réunis en masse, et qu'ils ne cherchent point à en connoître les élémens.

La terre que nous habitons produit tous les ans une quantité proportionnelle à la consommation universelle. Le commerce supplée aux besoins d'un pays avec le superflu d'un autre, et par la loi du temps, le besoin et l'abondance se tiennent en équilibre après quelques oscillations périodiques. C'est une erreur grossière que de croire les hommes réduits à tirer au sort à qui doit mourir de faim. Considérons les d'un œil tranquille, et nous aurons des idées plus vraies et plus consolantes. Frères d'une vaste famille répandue sur le globe, portés à nous rendre de mutuels secours, nous verrons que le moteur de la nature nous a amplement pourvus de tout ce qui est nécessaire aux besoins de la vie. Les seuls liens artificiels ont pu faire craindre aux nations la disette et la famine. Ces liens resserrés, à un certain signal donné, les produisent sûrement, même au milieu de l'abondance. La plupart des famines ne sont pas physiques, mais seulement d'opinion. Cette opinion, maîtresse du monde, distribue aux hommes et aux états le bonheur et la misère, avec plus de certitude que ne le font tous les êtres physiques rassemblés.

Je dis que les lois prohibitives sont inutiles,

et ne peuvent avoir que des effets nuisibles. J'ai prouvé que les effets en sont nuisibles en ce qu'elles diminuent le nombre des vendeurs; il reste à démontrer leur inutilité. Elles sont inutiles, quand elles défendent l'exportation d'une denrée dont on n'a pas de superflu. Je dis donc que tout ce qui est nécessaire à la consommation intérieure ne peut jamais sortir d'un état dont la nature seule dirige le commerce, puisqu'un vendeur préférera toujours de céder à son concitoyen une marchandise qu'il lui paie comptant; il ne s'exposera point sans nécessité aux frais de l'exportation, aux dangers qui en sont la suite et aux retards de paiement. L'acquéreur national aura toujours la préférence dans le prix, puisque l'étranger sera obligé de compenser les frais de transport, les droits de sortie, les risques et les retards de paiement. Voilà la digue qui contiendra toujours dans un état la quantité proportionnée aux besoins de l'intérieur, à un prix beaucoup plus bas pour les habitans que pour les étrangers.

La prohibition des sorties est dono un obstacle à l'extention de l'industrie. Elle est encore, comme toutes les lois arbitraires, une source de corruption; parce que la majeure partie des habitans est intéressée à l'éluder.

CHAPITRE IX.

De la liberté du commerce des grains.

Qu'il me soit permis de traiter cette partie, qui, malgré l'opinion commune des auteurs, a toujours épouvanté le peuple ; je veux parler de la liberté du commerce des grains. L'argument est intéressant, et je crois qu'on peut donner de très-fortes raisons. On craint que cette liberté ne produise deux maux; le premier que l'état ne manque de grains ; le second, qu'ils ne montent à un si haut prix que le peuple en soit écrasé. Examinons si ces craintes sont fondées.

Pour faire un commerce, il ne suffit pas qu'il soit libre, il faut encore qu'il soit utile. La différence du prix constitue l'utilité du transport. Qu'on ne perde pas de vue ce principe ; une fois établi, je dis : par-tout où le commerce d'une marchandise est libre, dès qu'il y a une différence sensible entre le prix de l'intérieur et celui de l'étranger, différence qui excède les frais de transport et les droits, il y aura toujours un avantage réel à transporter la marchandise là où elle se vend le mieux. Dès qu'il y aura un gain sûr, les propriétaires de cette marchandise concourront à l'envi à participer à ce gain, avec d'autant plus d'activité qu'il est plus grand, et ils n'abandonneront cette branche de commerce que quand elle ne produira plus rien. Ceci fait voir que là où le commerce est libre, il ne peut pas toujours y avoir une différence sensible entre les prix ; ils doivent naturellement se réduire au niveau dans les provinces voisines. Il en résulte que quand on voit une marchandise d'usage ordinaire monter tout-à-coup et exposée à varier dans un canton plutôt que dans un autre, il faut en conclure que c'est l'ouvrage de l'artifice et l'effet des entraves que l'on a mises au commerce. Dans les pays où le commerce est libre, le prix des grains est toujours au niveau. Ce flux et ce reflux rapides qu'on voit dans les états où le commerce n'est pas libre, font craindre à quelques-uns le seul nom de liberté, parce qu'ils s'imaginent que cette variation peut épuiser tout d'un coup l'état. Cet argument est faux, en ce qu'il suppose l'effet quand on en a détruit la cause.

Si l'exportation d'une marchandise se fait en raison de l'utilité qu'on en retire ; si cette utilité est proportionnée à l'excès du prix de l'étranger sur celui de l'intérieur ; si cet excès est le plus petit possible, il en résulte qu'on n'exportera que la plus petite quantité possible. Jamais, l'état ne pourra avoir une plus grande abondance de grains, à moins qu'on ne défende absolument l'exportation de toute espèce de marchandises. En ce cas, la masse des productions annuelles diminuera, comme on l'a dit, de tout l'excès du superflu sur la consommation intérieure, et la nation sera exposée à manquer de grain par la suite.

Mais il est difficile d'empêcher l'exportation ; les particuliers sont intéressés à éluder la loi. Les gardes multipliées qu'on établira sur les frontières, tromperont elles-mêmes, ou se laisseront tromper. Dans les pays où le commerce n'est pas libre, il arrive ordinairement que si la récolte excède la consommation intérieure, au temps de la moisson le blé est à vil prix, parce qu'il y a plus de vendeurs que d'acquéreurs. Quelques monopoleurs, profitant de la gêne du commerce, et trouvant par une industrie fatale les moyens de se soustraire à la rigueur des lois, accaparent tout le grain, et en font monter le prix, parce que les vendeurs sont réduits à un petit nombre. Ils font donc passer de grosses parties à un monopoleur étranger, et l'utilité qu'ils retirent de ce commerce illicite, ne sert qu'à l'entretenir, parce que le nombre des vendeurs étrangers n'est point augmenté. Il arrive de là que cette même quantité, qui, vendue librement, auroit réduit tous les grains au pair, est exportée sans aucun fruit pour l'état. Le prix de l'intérieur, plus bas dans son principe que le vrai prix commun, donnera plus de facilités à ces monopoleurs ; et la nation, réduite à fournir des vivres aux étrangers, sera exposée à en manquer elle-même. Telle est la série des effets que produisent les lois directes et coërcitives.

Si, après avoir assuré la subsistance de l'état, on chargeoit quelques particuliers de l'exportation du superflu. Cette idée paroît très-sage au premier coup-d'œil; mais il n'est pas possible de la mettre en pratique. Comment faire le calcul même par approximation de la quantité de grains qu'a produits la récolte ? Supposé encore que l'on connoisse le vrai montant de la consommation annuelle, on ne pourra définir quelle est la quantité du superflu. Bien plus, ce calcul, quoique très-inexact, ne pourra se faire que long-temps après la moisson. Il faudra donc suspendre le commerce des grains jusqu'à ce que les cultivateurs soient nécessités par le besoin à les vendre; les monopoleurs les auront tous accaparés d'avance. Voilà pourquoi, dans tous les états où l'exportation des grains n'est permise que par *traite*, on est ou exposé à la disette, ou à ne point trouver d'acquéreurs, et l'agriculture, cette branche importante du commerce, s'affoiblit insensiblement. L'huile, le vin, les draps, les toiles, etc. sont de toutes les marchandises les plus nécessaires à la vie commune; un état dont le commerce est libre, ne peut jamais manquer. Pourquoi craint-on la disette, si les lois ne défendent pas l'exportation des grains? On dira peut-être que le blé est de toutes les marchandises la plus précieuse. Observons cependant qu'elle l'est autant pour nous que pour les étrangers. D'où réunissant des deux côtés des quantités égales, les relations qui subsistent entre nous et les étrangers seront précisément les mêmes dans le commerce des grains, et des autres marchandises moins précieuses.

Un état où le commerce est libre, ne peut jamais manquer du nécessaire; parce que là où il y a concurrence, il ne peut y avoir de monopoleurs. L'intérêt de chaque particulier veille sur les usurpations de son voisin. Ils travaillent à l'envi à participer au profit qui est toujours divisé entre le plus grand nombre possible. D'où il s'ensuit que dans un pays où le commerce est libre, on ne voit point ces vastes magasins qui se trouvent où l'exportation est prohibée. Quand les marchandises sortent d'un pays libre, elles sortent en plusieurs parties multipliées et par gradation. Les prix haussent à mesure que les richesses augmentent, parce qu'il ne peut y avoir rien de clandestin où chaque particulier est intéressé à empêcher les usurpations. Les marchés seront publics; et quand on craindra qu'il n'y ait plus de superflu, on n'exportera plus; parce les prix hausseront à un point que les étrangers ne pourront plus acheter. En effet, ils paieront toujours nos marchandises ce que nous les paierons nous-mêmes; ajoutez-y les frais de transport, les droits de sortie, les risques et les retards de paiemens. La sphère des relations d'un état avec ses voisins est circonscrite; et chaque état adjacent est le centre d'une autre sphère, et ainsi de suite. Par cette connexion, il arrive que l'étranger trouvant chez nous les denrées trop chères, ira chercher ailleurs ce dont il a besoin.

Quelques-uns soutiennent une opinion qui peut éblouir et non persuader. Ils prétendent que la liberté ne convient qu'aux pays stériles, qu'elle est dangereuse dans un pays fertile. Qu'on réfléchisse que les pays stériles en grains, en ont pourtant, puisqu'ils en tirent de l'étranger. Ils ne pourroient, sans s'exposer à mourir de faim, revendre à d'autres étrangers ce qu'ils ont acheté pour leur propre consommation. Conséquemment, ou une nation ne peut exporter son nécessaire, ou elle le peut. Si elle ne le peut, pourquoi en ôter la liberté aux pays fertiles? Si elle le peut, où proscrira-t-on la liberté du commerce des grains, si ce n'est dans les pays où l'exportation du premier boisseau seroit un arrêt de mort pour un habitant.

Il est étonnant qu'au milieu des entraves que l'on a mises au commerce, on n'ait point pensé encore dans les siècles derniers à surveiller les grains destinés aux semences. En effet suivant les principes de la contrainte qui ne suppose point le penchant au bien inhérent à la nature des causes, mais qui veut imprimer elle-même ce mouvement; que ne pouvoit-on point dire pour effrayer les esprits vulgaires, et faire regarder comme très-salutaire et très-prudente la loi sur les grains destinés aux semences? C'est la partie la plus sensible de la récolte et à-peu-près le quart. « Et que deviendra l'état, pourroit-on ajouter, si, par négligence ou par avidité, on faisoit moudre les grains qui doivent-être le germe de la récolte suivante? Le motif de l'utilité est toujours pressant. L'homme sacrifie à ses besoins présens ceux de l'année à venir. Que chaque propriétaire s'oblige donc à déposer sous la garde publique une quantité de blé suffisante pour ensemencer son champ. » Cependant on n'a jamais pris cette mesure, et a-t-on manqué de grain pour ensemencer? Jamais, parce que toutes les fois que l'intérêt particulier est lié à l'intérêt général, il est toujours le plus sûr garant de la félicité publique. Si l'on craint que la liberté du commerce ne fasse hausser le prix des vivres, cette crainte est mieux fondée que celle de la disette. Dans un état où cette liberté est restreinte, le blé est à vil prix au temps de la moisson; parce que, comme je l'ai déja dit, le propriétaire ne trouve pas à vendre son superflu. Aussitôt que les monopoleurs l'ont accaparé, il devient plus cher dans l'intérieur, parce que les artisans, et la plupart des habitans des villes ont besoin d'en acheter tous les jours. Ainsi, la plus grande partie de l'année, le prix du blé ne reste point au niveau qu'exigeroit le soutien de la main-d'œuvre dans l'état. L'effet de la prohibition du commerce est de faire hausser le prix des grains dans l'intérieur et chez l'étranger à qui nous en fournissons. Chacun cherche à se débarrasser d'une denrée dont il ne peut pas librement disposer. Elle se trouve concentrée entre les mains de quelques particuliers qui profitent de l'esclavage du peuple, pour faire un commerce d'autant plus séduisant, qu'il conduit plus rapidement à la fortune. C'est en vain que la loi fulmine contre les monopoleurs. Elle peut bien en ruiner quelques-uns; mais ils seront aussitôt remplacés par d'autres. Ce commerce est trop frauduleux et trop lucratif et présente trop de moyens au riche négociant pour séduire les officiers subalternes. Tant que la liberté ne sera point rétablie, il y aura toujours des monopoleurs ; et plus il y en aura, moins le nombre des vendeurs sera proportionné aux acquéreurs ; donc le prix des denrées sera toujours très-haut.

Supposons, ce qui n'est point, que les grains soient plus chers pendant la liberté du commerce que pendant la prohibition. Avant que de décider s'il vaut mieux que le blé soit cher ou à bon marché, il faut examiner de quel côté penche l'intérêt du plus grand nombre ; puisque l'intérêt public n'est que la réunion des intérêts des particuliers. Pour décider s'il est de l'intérêt public que les denrées haussent ou baissent, il faut observer si, dans l'état, ceux qui vendent du blé sont plus ou moins nombreux que ceux qui en achètent. Ils n'est point de lois qui défendent le commerce des grains chez les peuples qui n'en recueillent point ; nous parlerons donc d'un peuple cultivateur et qui a du superflu. Dans cette nation, je dis que le nombre des marchands de grains est plus grand que celui des acquéreurs. Tous les habitans des campagnes seront vendeurs, et ils seront bien plus nombreux que ceux des villes. Retranchons de ces derniers tous les riches, et vous verrez que, pour entretenir un pauvre citadin, on ruineroit sept à huit pauvres laboureurs. Que dans un état fertile en blé, les paysans en vendent et n'en achètent pas, cela est facile à comprendre. Il suffit de faire réflexion qu'ils n'achètent ni pain, ni grain, et vivent de celui qu'ils ont recueilli. Ils paient leur propriétaire, ou en nature, ou en argent qu'ils ont retiré de la vente de leur blé. Ils se vêtissent encore avec cet argent, et se procurent tout ce qui leur est nécessaire. Ceci est si vrai, que dans un pays abondant en grains, le paysan est d'autant plus malheureux que le blé est à meilleur marché. Ceci posé, quel est l'aspect sous lequel se présente à nous, dans presque toute l'Italie, l'homme le plus nécessaire à la société? Nous voyons le malheureux paysan sans bas, sans souliers; tous les vêtemens qui le couvrent ne valent pas quatre francs; il vit de pain de seigle et de millet; il ne boit jamais de vin, rarement il mange de la viande; tant qu'il n'est point marié, il n'a d'autre lit que la paille; il loge dans une misérable chaumière; sa vie, en un mot, est remplie de misère et de fatigues; il se consomme jusqu'à la dernière vieillesse, sans espérance de s'enrichir. Il ne recueille d'autres fruits de ses longs travaux, que ceux que donne une vie simple, innocente et vertueuse. Il ne transmet à ses enfans, pour tout héritage, que l'habitude du travail. Il laisse après lui une génération d'hommes sobres et laborieux, qui tirent du sein de la terre de quoi alimenter l'indolence, l'oisiveté et les caprices des habitans des villes. Tels sont les êtres malheureux sur lesquels on ne jette jamais un coup d'œil. Ils méritent d'autant plus notre pitié, qu'ils forment la classe la plus intéressante de la société.

La liberté du commerce des grains ne peut donc jamais porter préjudice ni à la subsistance, ni à l'abondance d'une nation. Jamais les lois qui prohibent ne peuvent être d'aucun secours. Si l'on doute de la vérité de ces principes, qu'on s'en rapporte à l'expérience, et l'on verra que les états, où il n'y a ni corporations d'arts et de métiers, ni lois qui empêchent l'exportation de leurs productions, sont beaucoup plus riches, beaucoup plus florissans que tous les autres. Moins on tient en vigueur ces lois coërcitives, plus le peuple est près du bonheur.

CHAPITRE X.

Des Privilèges exclusifs.

Il résulte de ces principes une autre conséquence; la voici : tous les privilèges exclusifs sont diamétralement opposés au bien d'un état. Au premier coup-d'œil il paroît juste que l'inventeur d'un art quelconque obtienne pour lui seul un privilège exclusif, et jouisse de tous les avantages de son invention. Les états même les plus policés ont toujours respecté et respectent encore ce principe d'équité. Mais rarement arrive-t-il qu'un ouvrier, un artiste puissent se soutenir long-temps, et perfectionner ce qu'ils ont inventé. Si vous ôtez l'émulation, vous étouffez l'âme du commerce. Le vendeur qui ne craint point de concurrens, reste dans la médiocrité. Comme on voit des familles se ruiner, par cela même qu'elles ont été riches, ainsi un monopoleur fait des dépenses en raison du gain qu'il espère, et se précipite dans l'abîme. Ou l'artiste a perfectionné son invention de manière à ne pas craindre la concurrence de ses concitoyens, ou elle est encore imparfaite. Dans le premier cas, un privilège exclusif lui devient inutile ; il en a un bien meilleur qui est l'excellence de ses ouvrages. Dans le second cas, il seroit injuste d'interdire aux particuliers l'exercice de leur industrie dans cette partie, en faveur d'un médiocre fabricant. Accordez des gratifications aux inventeurs, et laissez à tous les individus la liberté de donner l'essor à leurs facultés, afin que dans toutes les branches de commerce il y ait le plus grand nombre possible de vendeurs.

Il s'ensuit que certaines grandes manufactures, qui attirent l'attention des étrangers, sont peu utiles à l'état, ou même nuisibles. Un fabricant qui affiche le luxe et l'opulence, porte sur lui l'empreinte du monopole, parce qu'il n'est personne qui ose entrer en concurrence avec lui. Cent ouvriers répartis entre dix fabricans, sont beaucoup plus utiles que ne le seroient deux cents appartenant à un seul; parce que les vendeurs se multiplient; ils se perfectionnent à l'envi; le prix des marchandises est proportionné au bien de la nation, et plus le profit est général, plus l'industrie est active.

Je dis donc qu'il ne faut jamais chercher à borner le nombre des vendeurs dans quelque branche que ce soit. C'est le seul moyen d'entretenir le plus juste équilibre dans le prix des marchandises et d'augmenter la masse des productions annuelles en favorisant l'exportation du superflu. Cette théorie doit s'étendre, comme je l'ai dit, à tous les genres possibles de denrées même les plus communes; parce que le prix des marchandises et des denrées doit nécessairement comprendre le prix de tout ce qu'ont consommé le cultivateur et le fabricant. Conséquemment l'abondance de la plus petite espèce contribue comme élément, à l'abondance de toute autre marchandise à mesure que la consommation en est plus générale.

CHAPITRE XI.

Sources d'erreur dans l'Economie politique.

Pour établir dans l'intérieur la plus grande proportion possible entre les acquéreurs et les vendeurs, il se présente deux moyens naturels, qui sont, ou d'augmenter le nombre des vendeurs, ou de diminuer celui des acquéreurs. C'est le point central où doivent tendre toutes les opérations de l'Economie politique, et la seule source d'où puissent couler l'abondance et la prospérité d'un état. Pour trouver la première proposition, il suffit de marcher hardiment, et de laisser un libre cours à l'activité de l'homme. Mais la seconde exige beaucoup de précautions. Il vaut mieux faire des tentatives et en observer les effets, que de trancher en grand.

Dans quelques gouvernemens on a voulu augmenter la proportion entre les vendeurs et les acquéreurs en diminuant le nombre de ces derniers. On a établi des impôts somptuaires ; mais l'expérience nous prouve combien ils sont dangereux et funestes. Ils diminuent le nombre des acquéreurs, mais ils réduisent encore plus celui des vendeurs. Ils ne peuvent convenir qu'à ces nations qui n'existent que par un commerce précaire d'économie, ou à ces peuples qui sont nécessités pour végéter de devenir les courtiers de leurs voisins. La plupart de leurs vendeurs tirent ce dont ils ont besoin des acquéreurs étrangers; ils ne peuvent donc perdre beaucoup, s'il ne se trouve point de consommateurs. Quand dans un état on créera tous les ans une nouvelle valeur correspondant à la consommation totale, on verra diminuer les productions annuelles à mesure que la consommation sera moindre dans l'intérieur. Pour combler le *déficit*, il faudroit substituer une plus grande consommation d'une production indigène. Ce sera toujours l'ouvrage de l'habitude ou de l'opinion que le législateur doit faire naître adroitement par des lois indirectes.

Dans un état qui a l'égalité pour base, où l'habitant des villes qui affiche le luxe et l'opulence, fait redouter un tyran, où la défiance générale met un frein à l'usurpateur ; dans cet état, dis-je, on peut sacrifier une portion de l'existence de la société à sa sûreté. Le meilleur des gouvernemens est celui où les lois sont en vigueur, et la liberté des citoyens assurée ; où la force armée sait repousser avec célérité les attaques de l'ennemi. Je voudrois y voir des champs fertiles et bien cultivés ; mais ceci est l'ouvrage de la nature. Pour gouverner un peuple, il faut donc de tous les maux choisir les plus petits. Puisque je traite de l'Economie politique, je vais dire, jusqu'où elle doit s'étendre.

Toute opération qui tend à diminuer le nombre des acquéreurs produit dans le prix des marchandises une diminution éphémère, qui ordinairement est nuisible à la société. Puisque cette diminution des acquéreurs entraîne avec elle celle des vendeurs, il doit se trouver nécessairement une partie de la société sans activité, et comme séparée d'elle-même. Il y aura donc un *déficit* dans les productions annuelles. Je ne citerai point d'exemples ; le lecteur les trouvera de lui-même. Je suis si persuadé de la solidité de ces principes, que j'ose me flatter qu'il ne trouvera pas un seul cas, où une loi tendant à diminuer dans l'intérieur, le nombre des acquéreurs, ait jamais porté l'abondance dans aucun pays.

On a vu, Chapitre III, comment les états peuvent proportionner la consommation aux productions annuelles. Nous avons montré que des deux moyens qu'on peut employer, l'un a des suites funestes, et l'autre de très-heureuses. J'en dis autant des mesures que l'on peut prendre pour établir une juste proportion entre les vendeurs et les acquéreurs. L'addition amène la prospérité, la soustraction, au contraire, ne produit que l'affaiblissement et la misère.

On ne doit pas éteindre le principe vital de la société. Toute diminution dans la quantité du mouvement général est dangereuse. S'il est quelques légers ressorts qui embarrassent la grande mécanique de l'état, ils céderont à des ressorts plus grands. La sagesse des lois met un frein aux actions de l'homme, quand elles s'opposent aux actions prises dans leur totalité. Si le législateur laissoit impunie la mauvaise foi, la fraude dans les contrats, et les banqueroutes frauduleuses, il en resulteroit une grande diminution dans le mouvement général; puisque le commerce, qui n'a d'autre garantie que la bonne foi, s'anéantiroit naturellement. La nature de ce livre ne me permet pas de développer ce principe. Il pourroit s'étendre sur la théorie des lois, et marquer les bornes précises de la liberté des peuples. Il suffit pour les êtres pensans de le faire remarquer. Ils en auront bientôt reconnu toute l'étendue. Je me contenterai donc de dire que toutes les fois qu'on voudra comprimer le mouvement géneral, il en résultera des effets très-nuisibles à la société.

L'abondance dans un état dépend donc de la juste proportion entre les acquéreurs et les vendeurs. C'est d'elle seule que dérivent l'exportation du superflu, l'augmentation des productions annuelles, la richesse, la population et la force publique. Augmenter le nombre des vendeurs et diminuer celui des acquéreurs sont les deux moyens qui se présentent à l'esprit. Le premier est toujours avantageux et facile à mettre en usage ; le second est très-dangereux. S'il produit pour le moment de bons effets, les suites en sont toujours funestes. D'où est-il donc venu que presque par-tout on ait préferé le second moyen au premier? Pourquoi choisir une route épineuse et fatigante, quand on peut en prendre une plus sûre et plus agréable. C'est dans le cœur humain qu'il faut en chercher la cause. Elle y est peut-être tellement cachée que ceux-là même qui ont le plus besoin de la trouver ne l'aperçoivent pas. Toute loi de proscription marque un degré d'autorité. L'amour-propre est plus flatté quand on s'imagine imprimer un mouvement à une masse d'hommes, qu'il ne le seroit si l'on se bornoit à aplanir les difficultés. Le parti d'arrêter immédiatement l'effet est plus séduisant et plus facile que celui de rechercher les causes éloignés. C'est ainsi que les premiers législateurs commencèrent à agir par soustraction. Cette marche constante consacrée par le temps, est devenue un principe d'administration. Il en est d'elle comme de ces anciens usages respectés par l'opinion et soutenus par les lois. Il faut un courage plus qu'ordinaire pour les fronder. Il n'appartient qu'à un esprit transcendant de lutter seul contre toutes les autorités opposées. Telles sont les difficultés qui empêchent de choisir le premier moyen. Au lieu qu'en suivant le second, on n'est point responsable des maux qui peuvent en résulter C'est même un titre pour prétendre aux louanges que l'on donne à la prudence, qui n'est en politique que le synonyme de l'imitation. L'inertie naturelle de l'homme le fait plier à l'exemple, et l'empêche de ne rien examiner. Telles sont les causes qui ont déterminé les lois, les usages et les gouvernemens à plutôt limiter le nombre des acquéreurs qu'à augmenter celui des vendeurs.

CHAPITRE XII.

Convient-il de mettre des Impôts sur les marchandises ?

On a cru pouvoir par le secours des lois tenir en équilibre le prix des productions indigènes, et sur-tout des denrées qui sont le plus à l'usage du peuple. Peut-être les magistrats ont-ils trouvé cet expédient, après s'être convaincus que les lois prohibitives n'amenoient pas l'abondance, et que la diminution des vendeurs faisoit hausser le prix. Pour remédier aux funestes effets d'une loi prohibitive, on eut recours à une autre plus arbitraire encore, et l'on fixa le prix des marchandises. Cet usage subsiste encore en plusieurs états. Les hommes se sont laissés éblouir par cette politique spéculative, qui, comme l'école des sophistes, sait embellir les chaînes qu'elle a forgées. Elle les présentent comme salutaires à l'état, et par une décision qu'elle a surprise, et un jugement anticipé, elle les fait embrasser.

Examinons quels sont les effets de ces prescriptions. Supposons que le prix commun des marchandises soit réellement de douze francs, comme elles se vendroient, si le commerce étoit libre. La loi ordonne qu'il soit de onze francs, voilà tout l'ordre renversé. Le prix n'est plus en raison directe des acquéreurs, ni en raison inverse des vendeurs. Il ne dépend plus de l'opinion que les hommes ont des marchandises. Il est devenu un acte arbitraire de la loi, qui fait tort aux vendeurs, et en diminue le nombre. Quels en seront les effets? Les vendeurs éluderont la loi le plus qu'ils pourront, ils exporteront plus que le superflu, ils falsifieront la marchandise, et frauderont sur le poids et la mesure. Les officiers publics toujours en mouvement, toujours en guerre avec les vendeurs, pourront bien en sacrifier quelques-uns; mais ils ne ramèneront pas l'ordre et l'abondance. Jamais une loi qui choque la nature et l'intérêt des particuliers, ne peutêtre exactement observée;

les conséquences en sont toujours funestes. Les lois qui fixent le prix des marchandises sont injustes pour l'acquéreur si elles le mettent plus haut que le prix courant; elles sont injustes pour le vendeur, si elles le mettent plus bas; elles sont inutiles, si elles le mettent au pair.

Cette taxe arbitraire a eu de funestes effets dans plusieurs gouvernemens. Souvent elle y a amené la famine. En 1771, une province d'Allemagne a vu ses habitans mourir de faim dans un temps où, d'après les recherches que l'on a faites, il y avoit assez de grain pour la consommation. Mais les propriétaires l'avoient caché, parce qu'on l'avoit mis à trop bas prix. Ce que j'avance est clair et évident, il est facile de le vérifier.

A la tête des lois que les nations ont héritées de leurs ancêtres, on voit écrites ces paroles cruelles, *forcer et prescrire*. La raison qui s'est épurée dans ce siècle, commence à nous en montrer d'autres qui ont pour devise, *inviter et guider*. Quelque soit la forme d'un gouvernement, il me paroît qu'il est de l'intérêt du souverain de laisser au peuple la plus grande liberté possible, et de ne lui ôter que cette seule portion d'indépendance naturelle qui est nécessaire à la conservation et à l'amélioration de l'état. Je crois que tout ce qu'on ôte arbitrairement à la liberté du peuple est une erreur en politique. Tout acte arbitraire du législateur fait trop sentir son pouvoir. C'est un mauvais exemple qu'on suit graduellement. Les idées morales s'affoiblissent, et, à mesure que la défiance augmente, on a recours à l'astuce. Toute nation où ces erreurs politiques sont en grand nombre, deviendra timide, dissimulée, et finira par rester dans l'inertie, et se dépeupler, si le pouvoir trop multiplié se joint à l'oppression. J'en conclurai donc que chaque pas qu'un législateur fait de trop pour limiter les actions du peuple, est une diminution réelle dans l'activité du corps politique. Il influe directement sur la masse des productions annuelles.

CHAPITRE XIII.

De la valeur de l'argent, et de l'influence qu'il a sur l'industrie.

Nous avons observé comment le prix des marchandises est en raison directe des acquéreurs, et en raison inverse des vendeurs. Examinons maintenant comment on doit mesurer le prix de l'argent. Si le commerce n'est autre chose que l'échange d'une marchandise contre une autre, si le prix dépend de la multiplicité des besoins et de la rareté des productions, il en résultera donc que la rareté de l'argent sera en raison inverse du nombre des acquéreurs, et en raison directe de celui des vendeurs. Ces conséquences émanent immédiatement des principes et des définitions que nous avons données, puisque les vendeurs sont à l'argent ce que les acquéreurs sont aux marchandises. Plus il y aura d'acquéreurs, tout le reste étant égal, moins l'argent aura de valeur, *et vice versâ*. L'abondance de l'argent exclue directement l'abondance des marchandises. L'on doit donc d'autant plus craindre dans un état la disette des productions que l'argent est plus commun. Les deux extrêmes se touchent.

On ne mesure point l'abondance de l'argent par sa quantité absolue, ni par sa circulation, mais par le grand nombre des acquéreurs, comparé au petit nombre des vendeurs. Les vendeurs se multiplient naturellement à mesure qu'il y a plus d'acquéreurs. Si les acquéreurs se multiplient comme par secousses dans un état où la nature ou la politique ont mis des obstacles au commerce, les vendeurs augmenteront dans la même proportion.

Il s'ensuit que cette surabondance d'argent deviendra sensible quand elle pénétrera en masse dans l'état, et ne donnera pas le temps à l'industrie de se déployer et de multiplier les vendeurs. L'argent qui augmente par gradation, est comme la rosée qui ranime toute la nature. Quand il tombe dans un pays par torrent, il renverse tout et énerve l'industrie.

On a vu, Chapitre premier, qu'il eût été impossible d'établir un commerce solide et étendu sans l'invention de l'argent. Une nation où la circulation de l'argent diminue insensiblement, penche vers sa ruine. Son commerce se réduit au pur nécessaire; les productions décroissent à vue-d'œil; elle s'isole, languit, et retombe dans la barbarie.

Par la même raison un peuple dont l'industrie infatigable fait de sensibles progrès, et étend peu-à-peu son commerce, doit nécessairement devenir riche et puissant. La circulation de l'argent augmentera par degrés ; il découvrira tous les jours de nouvelles commodités ; il raffinera les arts ; il multipliera les manufactures ; il inventera de nouveaux moyens pour les perfectionner. Tout enfin chez lui respirera l'abondance et la prospérité.

Il faut, pour cela, distinguer deux cas assez différens. L'augmentation du numéraire, s'il est le fruit de l'industrie, produira ces heureux effets. Si au contraire la source de ses richesses est dans ses mines abondantes, ou dans l'opinion de ses voisins qui lui paient de gros tributs, il en résultera qu'il tombera dans une profonde létargie. Ces grands trésors seront répartis entre un petit nombre de particuliers qui s'abandonneront à un luxe monstrueux. Dédaignant les productions indigènes, imparfaites et grossières, vu la pauvreté générale, ils dissiperont leur fortune en marchandises étrangères. Ces richesses fatales seront comme des éclairs qui tomberont sur la tête du peuple, et le dessécheront. L'argent passera chez les étrangers, sans que la nation puisse en toucher que la très-petite portion qui sera le salaire de quelques oisifs citadins. C'est ainsi que l'argent, qui n'est point le fruit de l'industrie, fait contraster le luxe de quelques individus avec la misère publique.

En considérant l'argent et les productions comme deux quantités égales, il est certain que la somme de l'un vaut toute la somme des autres. Il s'ensuit que si l'une de ces deux quantités augmente, et que l'autre reste dans son état primitif, la quantité augmentée vaudra moins. Si le numéraire en circulation surpasse les marchandises mises en vente, elles coûteront plus cher. Il paroît donc que le prix de chaque chose doit hausser en raison de la quantité d'argent qui circule dans l'état, quoi qu'en dise certain écrivain, d'ailleurs profond et exact. Il prétend que l'augmentation du numéraire est le principe destructif de l'exportation ; mais il faut supposer que l'augmentation du numéraire acquis par l'industrie, et réparti graduellement sur tout le peuple, produise une augmentation proportionnée dans la consommation. Plus le particulier peut dépenser, plus il achète. Il se fait des besoins en proportion de ses moyens.

Plus une marchandise a de débit, plus les vendeurs se multiplient, plus les productions sont abondantes. Si donc un état augmente son numéraire, sans augmenter ses productions, le prix des marchandises haussera. Si l'argent et les productions suivent la même progression, le prix restera comme il étoit. Si la masse des productions surpasse celle du numéraire, le prix baissera. Il est donc clair que l'argent acquis par l'industrie lui donnera d'autant plus d'activité qu'en multipliant les productions, elle en diminuera le prix. Le marchand qui a beaucoup de débit, se contente de gagner moins sur chaque article. Règle générale : dans tout pays où le commerce fleurit, le négociant gagne moins sur chaque article pris séparément; son profit au contraire est immense où l'industrie est sans activité.

Une nation qui s'est enrichie par le commerce, a porté ses manufactures à un tel point de perfection, qu'un ouvrier fait plus d'ouvrage en un jour qu'un autre en feroit en plusieurs dans un état moins industrieux. Telles sont les ressources d'un peuple laborieux; ressources que ne peut trouver celui qui n'est riche que de ses mines. Le premier en augmentant sa fortune, aura multiplié les vendeurs ; le second aura grossi le nombre des acquéreurs, et sera nécessité, comme je l'ai dit, d'avoir recours aux étrangers ; parce qu'il aura négligé les richesses de la nature pour courir après celles qui ne sont que de convention.

Nous en conclurons donc, premièrement, que l'argent ne dépend point de la quantité absolue qui circule dans un état, mais de la proportion qu'il y a entre les vendeurs et les acquéreurs; secondement, que le prix diminue en raison de la circulation du numéraire, ou de la quantité et du débit des marchandises; troisièmement, que dans un état où le prix est très-bas, la proportion entre les vendeurs et les acquéreurs est plus grande que dans un autre où ce même prix est plus haut.

Il faut observer qu'on mesure moins la richesse d'une nation par la quantité absolue des biens qu'elle possède, que par la proportion qu'il y a entre elle et ses voisins. Les trésors qui viennent des mines feront la moitié moins d'effet dans un état, qu'une somme égale de numéraire acquise par le commerce; parce que cette somme, ajoutée à la masse commune, sera autant de retranché de la richesse d'un autre état ; ce qui double la quantité dans la proportion établie entre les deux nations.

CHAPITRE XIV.

De l'intérêt de l'argent.

DANS un état enrichi par l'industrie, il résultera de l'abondance du numéraire, et de sa grande circulation, que les particuliers chercheront ou à le prêter, ou à former des établissemens utiles. On n'aime pas à garder son argent, par la crainte où on est de le perdre. Dans un pays industrieux, connoissant tout le prix de l'argent, et les avantages qu'on en retire en le faisant fructifier, aucun individu ne laissera dormir ses fonds, comme il arrive chez les peuples où les fortunes sont trop disproportionnées. L'agriculture s'améliorera, les manufactures se multiplieront ; l'intérêt du numéraire baissera en proportion de sa circulation. L'on sait qu'il est toujours en raison directe du besoin qu'on en a, et en raison inverse de la quantité qu'on peut en trouver, ou comme le prix est aux marchandises. La grande circulation de l'argent doit donc nécessairement faire baisser les intérêts. Les prêteurs en conséquence se trouveront forcés de le placer ailleurs ; ils achèteront des terres, ou ils établiront des manufactures. Il résultera donc de la baisse de l'argent, que les fonds de terre augmenteront de valeur, et que les manufactures deviendront plus florissantes. Je dis que les fonds de terre augmenteront de valeur, parce que le nombre des acquéreurs sera devenu plus grand, et que celui des vendeurs sera toujours le même. L'encouragement donné aux manufactures fera multiplier les vendeurs, et amènera l'abondance publique.

Il semble que la hausse du prix des terres devroit faire hausser celui de leurs productions, parce qu'elles sont le fruit du capital qu'on y a placé. Mais il arrive ordinairement le contraire. La diminution de l'intérêt fera bien hausser le prix des terres, mais non pas celui des denrées ; parce que cette hausse ne diminue pas le nombre des vendeurs, et n'augmente pas les consommateurs. Ainsi, les fonds de terre se trouveront répartis en raison du nombre des acquéreurs ; voilà donc les marchands de denrées multipliés. Les intérêts sont le fruit de l'argent, et les denrées celui des terres. Si l'un des deux vient à baisser, l'autre doit suivre la même progression, parce qu'ils concourent mutuellement à leur plus grande utilité, jusqu'à ce qu'elle soit égale entre eux. Les terres peuvent donc avoir plus de valeur, sans augmenter pour cela le prix des denrées. La seconde conséquence qui résulte de la baisse de l'intérêt, est l'amélioration des terres. On voit de vastes plaines, auparavant incultes se couvrir, de riches moissons; les campagnes sont embellies par des plantations utiles, et les arts qui fécondent l'agriculture, deviennent plus florissans. Tels sont les effets que produit l'abondante circulation du numéraire, quand il est le fruit de l'industrie. Ils sont opposés à ceux que l'on sembloit devoir en attendre; c'est-à-dire, qu'au lieu de faire hausser le prix des marchandises, ils le font baisser. La troisième conséquence est que l'on trouve plus de facilité à emprunter pour faire de plus grandes entreprises, ou dans le commerce, ou dans l'agriculture. Le gain qu'on retire de ses opérations compense l'intérêt de l'emprunt, et ajoute à la masse des productions annuelles. On voit chez un peuple où l'intérêt est bas, et le numéraïre en circulation abondant, on voit, dis-je, les marais desséchés et changés en campagnes riantes ; les fleuves renfermés dans leur lit ; l'agriculture fécondée par des torrens artificiels ; des canaux creusés pour faciliter le commerce ; une marine bien entretenue, active et audacieuse.

Quand une nation s'enrichit par son industrie, son commerce augmente en raison de son numéraire en circulation. Ses besoins se multiplient, comme je l'ai déja dit ; des besoins elle passe aux commodités, et de là aux plaisirs. L'argent, quelle qu'en soit l'abondance, ne perd rien de sa valeur, parce que les besoins aux quels il doit suppléer, sont augmentés en même quantité. Qu'il me soit permis de rappeler à la mémoire que le prix des marchandises hausse quand les vendeurs ne sont pas proportionnés aux acquéreurs ; l'argent au contraire a plus de valeur, quand il y a plus de vendeurs.

On vu plus haut que pour entretenir l'abondance dans un état, il faut multiplier les vendenrs, sans diminuer le nombre des acquéreurs. Cette théorie doit servir de règle pour toutes les productions. Mais pour ce qui regarde l'argent, il faut suivre une marche toute opposée. Les lois feroient très-bien de favoriser plutôt l'emprunteur que le prêteur. Je ne prétends pas dire qu'il faille jamais chercher, par des impôts, à rendre l'intérêt de l'argent plus invariable. Cet intérêt, comme nous l'avons déja dit, est en raison directe des emprunteurs, et en raison inverse des prêteurs; comme le prix dépend du nombre des acquéreurs divisé par celui des vendeurs. Ainsi, l'un et l'autre sont un effet physique; il est nécessairement proportionné aux causes qui le produisent. Conséquemment à ce que nous avons avancé, les magistrats ne peuvent fixer le prix des marchandises; mais ils peuvent donner des bornes à l'intérêt de l'argent. Il n'est pas à craindre qu'on s'expose à éluder la loi, comme on le feroit si elle blessoit un grand nombre de particuliers. Leurs actions, quoique de peu de conséquence dans leurs élémens, produisent toujours un effet, quand ces élémens multipliés tendent au même but. Tant il est vrai que la durée et la solidité de toute institution civile dépend de la pluralité des suffrages, quelle que soit la forme du gouvernement. Il y a cette différence dans une république, que les suffrages sont plus libres, plus ouverts. Dans les autres gouvernemens ils sont plus lents, plus tacites, plus cachés; mais ils n'en sont pas moins actifs.

CHAPITRE XV.

Moyens pour faire baisser l'intérêt de l'argent.

COMMENT donc un gouvernement pourra-t-il faire baisser l'intérêt de l'argent, en opérant sur l'emprunteur ? Dans toutes nations il y a des dettes publiques et des banques qui paient aux particuliers l'intérêt de l'argent qu'ils ont prêté à l'état. L'expérience à démontré combien il est sage de faire baisser l'intérêt de ces banques, non-seulement pour faire diminuer les charges du trésor public, mais encore pour réduire indirectement l'intérêt des emprunts de la nation.

Il est inutile que je rappelle ici ce que la justice la plus évidente suggère à tout le monde ; je veux dire, que l'état doit avoir toujours une somme prête pour rembourser les capitalistes, quand ils ne se contentent plus de l'intérêt le plus bas. Car l'équité ne permet pas qu'on les force à l'accepter. Malheur à l'état, si une utilité momentanée l'emporte sur ses vrais intérêts ! Malheur à lui, s'il perd la confiance publique ! Il se trouvera isolé ; son intérêt ne sera plus celui des particuliers.

Ils cacheront, sous le voile de la dissimulation, l'indifférence avec laquelle ils regarderont l'union dont ils font partie. Les principes moraux s'anéantiront; la nation s'abandonnera à la corruption, état bien pire encore que la barbarie d'où elle étoit sortie. Tout tombera en ruines, et dans un moment de crise, en vain cherchera-t-on du secours pour maintenir la sûreté publique. Les derniers siècles nous en donnèrent de terribles exemples en plusieurs contrées de l'Europe. C'est d'après tant de malheurs, que nous avons reconnu que la confiance dans le trésor public est le plus riche patrimoine que puisse avoir une nation.

Si les banques publiques font baisser l'intérêt de l'argent, il en arrive que les emprunteurs veulent suivre le cours; et les créanciers de l'état, ne trouvant pas à placer leurs fonds avantageusement, sont nécessités de les laisser où ils étoient. Si au contraire ils les retirent, l'argent se trouvera plus abondant sur la place, et les intérêts baisseront encore davantage.

Les gouvernemens ont encore un autre moyen pour faire baisser les fonds. Il suffit pour le connoître, d'examiner pourquoi les prêteurs exigent un intérêt. La première raison est pour compenser les avantages qu'ils auroient retirés en employant leurs capitaux à l'agriculture ou dans le commerce. La seconde, est pour les dédommager du risque qu'ils courent. Ou a déja vu au Chapitre XIII, que les productions sont à bon marché dans tout pays où l'industrie peut donner un libre essor à son activité. Il en résultera que plus on nourrira dans le cœur de l'homme l'espoir d'améliorer son sort, plus on encouragera l'industrie, plus on réduira cette portion d'intérêt que les traitans appellent, *lucre cessant*. Il est au pouvoir du législateur de diminuer les risques que les jurisconsultes nomment *dommage émergent*. Il y parviendra par de bonnes lois, par des for mes judiciaires simples et promptes, par un choix prudent de magistrats incorruptibles. Si chaque particulier peut compter sur la force publique pour défendre ses droits, il n'y aura jamais rien à craindre de la mauvaise foi.

Ceci est si vrai, que je soutiens qu'il n'est pas de pays où l'intérêt de l'argent soit plus bas que là où l'industrie est encouragée et la bonne foi respectée. Par-tout, au contraire, où l'intérêt est haut, le commerce languit, la probité des contractans est assez douteuse. C'est par l'intérêt de l'argent qu'on peut juger si le peuple est heureux.

On peut comparer l'intérêt de l'argent entre deux nations, ou entre deux siècles, pour juger du bonheur d'une société qui prétend être policée. Mais on ne peut jamais comparer la valeur du numéraire et des productions entre deux peuples qui n'ont point ensemble de communication immédiate, ou avec un troisième. L'argent peut avoir peu de valeur en raison de sa rareté ou de sa grande circulation, en raison du petit nombre des acquéreurs et de la multiplicité des vendeurs.

Il n'y a point de mesure entre deux quantités distantes et isolées. J'en dis de même sur la comparaison des valeurs de deux siècles. On peut bien trouver combien d'onces de métal on donnoit pour certaine marchandise, mais il est impossible de connoître sa juste valeur, si par ce mot on entend le degré d'estime qu'elle avoit dans l'opinion publique. Cette estime des métaux a changé avec le temps, à mesure qu'ils sont devenus plus communs. Pour calculer exactement la valeur entre deux sociétés qui ne peuvent communiquer ensemble, soit en raison du temps, soit en raison de la distance, il faudroit avoir une troisième quantité inaltérable pour en faire la comparaison. La longueur invariable de la brasse, et la pesanteur constante de l'once, peuvent bien nous servir de mesure pour calculer les vrais rapports entre deux hauteurs ou deux pesanteurs éloignées; mais il n'y a point de quantité invariable pour comparer les valeurs. L'argent quoique universellement répandu, n'a pas toujours le même prix. Il ne peut donc nous servir de mesure. Les praticiens ont établi pour principe que la valeur de l'argent dépend de l'empreinte du souverain qu'elle porte, et que le prince pouvoit lui donner un prix quelconque. Ils soutiennent que celui qui doit rembourser un capital prêté à ces ancêtres depuis plusieurs siècles, n'est tenu qu'à rendre un nombre de livres égal à celui que l'on a prêté. Cette conséquence est juste; mais elle part d'un faux principe. On a démontré que la valeur de l'argent dépend de celle du métal, et que l'empreinte en atteste purement et simplement la vérité. De ce principe vrai on a tiré la conséquence, que pour restituer un capital prêté depuis plusieurs siècles, on doit payer autant d'onces d'argent qu'on en a reçues. Cette conséquence suppose une valeur toujours constante dans le métal ; il n'y a rien de plus faux.

Enfin il y en eut qui calculèrent plus exactement, en comparant le prix des marchandises les plus communes avec les vivres de ce temps-là, et déterminèrent une somme moyenne pour chaque époque. Ils supputèrent ensuite combien d'onces d'argent il faudroit porter au marché pour acheter la même quantité de denrées qu'on avoit eues à l'époque du prêt. Les tribunaux s'en tiennent pour les restitutions à la première méthode que nous venons de rapporter. Elle a pour elle la longue pratique, la simplicité, et peut-être a-t-elle cessé de paroître injuste ; puisqu'elle est en usage depuis des siècles entiers. En faisant le prêt, le capitaliste se soumit à tous les événemens, et se dédommagea par de gros intérêts, qui dans ce temps-là remboursoient le capital en moins de dix ans.

CHAPITRE XVI.

Des Banques publiques.

On a vu les bons effets que pouvoient produire les banques publiques en faisant baisser l'intérêt de l'argent. L'invention des banques, comme celle des lettres de change, appartient à ces derniers siècles. Les billets représentent le numéraire ; il n'y a rien de plus commode pour le transport. C'est un moyen ingénieux inventé pour augmenter la circulation et étendre le commerce aussi loin que peut aller le crédit; puisque les particuliers estiment autant les billets de banque, ou les lettres de change, que l'argent. Ils les reçoivent plus volontiers, parce qu'elles sont plus faciles à garder et à négocier. Elle sont d'un grand avantage pour ces états où la foi publique repose sur un grand nombre de particuliers, qui ont intérêt à la soutenir. Ils sont tellement forts de l'opinion du peuple, qu'ils ne peuvent jamais rien avoir à craindre. En effet, plus il y a d'individus intéressés à maintenir le crédit public, plus leurs actions sont sûres, et moins il y a de probabilité qu'on trahisse la confiance générale. Mais s'il arrive quelque circonstance qui altère cette confiance, et discrédite les banques, l'opinion et la fortune des particuliers seront en grand danger d'éprouver une révolution; et jamais les banques ne pourront s'étendre sans risque, au-delà d'une certaine limite.

Les banques doublent la masse du numéraire qu'elles reçoivent, puisqu'il reste toujours dans l'état avec ce qui le représente. Il paroît donc qu'elles devroient faire hausser le prix des marchandises; mais la circulation rapide qui en résulte, empêche non-seulement que le prix ne hausse, mais elle le fait encore baisser. Elle multiplie les vendeurs, augmente la consommation intérieure, et les productions annuelles.

Si les banques publiques paioient un gros intérêt, il s'ensuivroit que les particuliers y placeroient tous leurs capitaux et le commerce seroit anéanti. Il n'y auroit plus que la crainte de la mauvaise foi qui soutiendroit l'agriculture et les arts. Les états qui sont tombés dans la corruption, tirent parti des principes mêmes de leur corruption; car il résulte de la multiplicité des mauvais principes, que quand ils sont opposés, ils se détruisent réciproquement. Par exemple, si les agens du trésor public avoient ruiné la confiance du peuple par leurs dilapidations, ils seroient nécessités d'offrir de gros intérêts aux capitalistes, ce qui ruineroit l'industrie. Mais la mauvaise réputation de ces agens les empêcheroit de trouver des fonds. L'effet de leur malversation seroit donc nul, ou presque insensible.

Les dettes publiques sont plus avantageuses que nuisibles aux grandes nations qui font un commerce étendu, pourvu qu'elle conservent la confiance du peuple. Les petits états ne retirent que peu de fruits des banques publiques, et ces foibles avantages ne sont que trop contrebalancés par les pertes annuelles que fait le trésor en payant les intérêts. J'en conclus donc que le législatenr d'un peuple puissant ne doit travailler qu'à perpétuer la dette nationale. Dans un état de peu détendue, il faut au contraire chercher à la payer par les moyens les plus prompts et les plus économiques.

CHAPITRE XVII.

De la Circulation.

Nous pouvons tirer la conséquence suivante des réflexions que nous venons de faire; l'augmentation du numéraire et des effets qui le représentent, est toujours avantageuse à un état, quand la circulation est dans le même rapport. Les vendeurs se multiplient en raison des acquéreurs, il doit s'en suivre une augmentation de productions annuelles. Pour avoir une idée plus précise de cette vérité, considérons que le vendeur doit tous les jours retirer de la vente de ses marchandises une somme déterminée; plus il vendra d'objets, moins il cherchera à gagner sur chacun d'eux en particulier. Les denrées devenant plus communes, seront à meilleur marché. Le marchand se trouvera dédommagé du profit modique qu'il fait chaque jour. Les ouvriers et les artistes pourront travailler à meilleur compte, et les vendeurs se multiplieront en raison de la circulation. Voilà comment l'augmentation du numéraire, qui devroit faire renchérir toutes les marchandises, produit un effet tout contraire, quand il est le fruit de l'industrie. Nous l'avons déja dit, les desirs se multiplient à mesure qu'on acquiert plus de moyens; et le commerce augmente en raison de la circulation de l'argent, sans que l'intérêt devienne plus haut. Tel on voit un fleuve se précipitant dans un autre, en accélérer le cours par la pression de ses eaux, et en faire baisser le niveau au moment même où il sembloit devoir l'élever.

On appele commerce extérieur celui que fait un habitant du pays avec un étranger. Ce commerce est utile si l'étranger est l'acquéreur; il est désavantageux s'il est vendeur. Le commerce intérieur est celui que font entre eux deux particuliers du pays; on l'appelle circulation. La circulation est la somme totale de toutes les transactions de l'intérieur.

Quand on aura une juste idée du caractère et de la nature de la circulation, on saura que la cherté des denrées dans une nation, n'est pas une preuve qu'elle en soit devenue plus riche. Ou la circulation se ralentit par la rareté du numéraire, et alors les marchandises deviennent plus chères, parce qu'il y a moins d'acquéreurs, ou l'industrie perd son activité, et la masse des productions annuelles diminue. En effet, nous avons entendu de nos jours l'Italie, la France, l'Angleterre, et toute l'Europe se plaindre du prix exorbitant des denrées. Donc, si dans un état les vivres sont très-chers, on ne peut en conclure qu'il soit plus heureux que ses voisins. L'abondance du numéraire en Europe peut faire hausser le prix des marchandises, si elles ne se sont point multipliées dans la même proportion. Cette hausse du prix ne prouvera point qu'une partie de l'Europe se soit enrichie, puisque la richesse d'un état dépend de la comparaison qu'on en fait avec un autre.

La somme de toutes les marchandises qu'on a vendues en un jour est égale à la somme de tout l'argent qu'on a dépensé ce même jour pour les payer. Les vivres se consomment et l'argent reste toujours. Nous pouvons tirer deux vérités de cette seule réflexion : la première est que l'argent, tant qu'il est numéraire, ne cesse de représenter de nouvelles consommations, sans éprouver aucun changement ; la seconde, que tout le numéraire qui circule dans un état, est bien égal à la consommation journalière, mais non pas à la consommation et aux productions annuelles. La même pièce d'argent qui passe successivement de main en main, représente sa propre valeur autant de fois qu'elle a changé de propriétaires. Plus ce changement est rapide, plus on doit dire que les marchandises en vente surpassent le numéraire en circulation. Quand il est rare, les particuliers sont nécessairement ménagers et prudens; ils se privent de mille commodités et de mille plaisirs. Il faut qu'il y ait abondance d'argent pour que la circulation en soit rapide ; cette circulation même le représente plusieurs fois. Ceci nous prouve que quand l'industrie nationale grossit la masse du numéraire, les productions annuelles doivent augmenter dans un plus grand rapport, à moins qu'elles n'aient en opposition une force extérieure, physique ou morale.

Pour se convaincre de cette vérité, c'est-à-dire, que la somme du numéraire en circulation dans un état est bien loin de répondre à la somme du prix total des productions qu'il consomme dans le cours de l'année, calculons combien il y a de particuliers qui le premier jour de l'an ont assez d'argent pour couvrir toutes les dépenses de douze mois. Nous en trouverons à-peu-près un sur mille, encore sera-t-il très-mauvais économe? Combien en est-t-il qui le premier jour de l'an en ont à peine pour vivre une semaine? De ce nombre, sont les cultivateurs, les artisans, les ouvriers, et en général tout le menu peuple. Sans la circulation du numéraire, ils ne pourroient donc subvenir aux besoins de l'année. L'augmentation de la masse du numéraire répartie sur plusieurs, multiplie, comme je l'ai déja dit, les besoins, les desirs, les acquisitions; et les productions annuelles seront toujours en raison de la circulation de l'argent. Si l'on peut connoître la quantité des productions annuelles et celle du numéraire en circulation, on trouvera la quantité du mouvement de la circulation. Réciproquement si l'on connoît deux de ces élémens, on connoîtra le troisième.

Les manufactures d'or et d'argent, les trésors renfermés dans les coffres forts, et soustraits à la circulation, sont-ils un bien ou un mal pour une nation? Sous un gouvernement sage, ils ne peuvent être qu'un mal; car dans un état de pénurie on ne peut imposer un particulier qu'en raison de sa fortune apparente. Tous ces trésors cachés sont donc inutiles à la nation; ils diminuent au contraire ses richesses et sa puissance. Quant aux manufactures d'or et d'argent, il vaut mieux en arrêter les progrès par l'exemple, que par des lois arbitraires toujours dangereuses. Les riches particuliers singent ordinairement les grands, et les grands suivent l'exemple du législateur. C'est donc à lui à préférer le luxe commode à celui de l'ostentation.

Je demande pardon si je reviens trop souvent aux principes. Plus l'argent est répandu dans le peuple, plus il a de desirs et de besoins; plus il fait de consommation. Plus la consommation est grande dans un état, plus il y est avantageux d'être vendeur; et plus il y a de vendeurs, plus les productions annuelles se multiplient. L'augmentation pure et simple de l'argent fait hausser le prix des denrées, et sa grande circulation le fait baisser. Ces deux quantités, selon qu'elles sont combinées, peuvent ou l'augmenter, ou le diminuer, ou le laisser en équilibre.

CHAPITRE XVIII.

Des métaux monnoyés.

Il faut donc par des lois indirectes rendre la circulation du numéraire plus rapide, si l'on veut faire fleurir le commerce. On sait que par numéraire j'entends l'or et l'argent. La monnoie de cuivre et l'argent falsifié ne peuvent mériter ce nom. C'est une marchandise indigène et particulière à un état; elle ne doit jamais en sortir, le transport en seroit trop dispendieux. En effet, si tout le commerce d'une nation se faisoit en monnoie de cuivre, elle se trouveroit dans le même état, où elle étoit avant l'invention de l'argent. Les transactions se réduiroient, pour ainsi dire, au pur nécessaire, elle ne pourroit guères qu'échanger ses marchandises; car son numéraire seroit trop volumineux et par conséquent trop difficile à transporter et à garder. La circulation languiroit, la population iroit en décroissant, l'industrie seroit inconnue. Il pourroit bien en sortir des armées belliqueuses, parce que le peuple tiendroit peu à la vie, n'en connoissant pas les plaisirs ; mais jamais elle ne deviendroit une nation florissante, tant qu'elle tiendroit à son système.

D'après ce principe, l'or rendra la circulation bien plus rapide que l'argent, et les billets de banque accrédités y contribueront encore plus que l'or. Un état doit donc desirer plus l'or que l'argent, et plus l'argent que le cuivre. Il doit toujours préférer le plus petit volume et la plus grande valeur.

Je ne crois pas que depuis le commencement de l'ère vulgaire jusqu'au seizième siècle, on ait jamais considéré l'argent comme une monnoie destinée à faire de grands paiemens ; au moins ne trouve-t-on dans les cabinets des curieux que quelques petites pièces d'argent qui n'excèdent pas le poids de deux sous. Il paroît qu'on ne s'en servoit que pour les fractions de l'or. On trouve encore de grandes médailles d'argent qui sont presque toutes postérieures à la découverte de l'Amérique. Ce ne fut que sous le règne de l'empereur Charles V qu'on commença à faire usage des écus.

La plupart des nations Européennes ont une monnoie de cuivre qui sert aux petites emplettes du peuple. Si le législateur donne aux monnoies une valeur proportionnelle à tout autre numéraire, sans avoir égard à l'empreinte, il n'aura point à craindre que l'argent sorte de l'état, ou qu'on y en introduise d'étranger; parce qu'il n'est personne qui veuille s'exposer aux frais de transport sans nécessité ou sans utilité. Si c'est pour solder une dette, la loi qui défend l'exportation de l'argent, discréditeroit la nation, en ordonnant au peuple de manquer de foi. Si c'est par utilité, l'état ne pourroit qu'y gagner en agmentant son numéraire aux dépens d'une nation moins éclairée, qui auroit taxé arbitrairement les métaux.

Pour donner plus de clarté à ces principes, souvenons-nous, comme je l'ai déja dit, qu'il faut considérer dans un état, et la consommation et les productions annuelles. Si notre superflu n'est pas égal à la valeur des marchandises que nous recevons de l'étranger, nous serons nécessités de les payer en numéraire. La défense de l'exportation de l'argent seroit une bizarrerie, puisqu'on voudroit détruire l'effet, en laissant subsister la cause.

Dans un état où une once d'argent pur à toujours la même valeur qu'une autre once d'argent pur, quelle qu'en soit l'empreinte, la dénomination des morceaux qui le composent, et le volume grossi par l'alliage qu'on y a mêlé; dans un état où on peut en dire autant de l'or, de l'argent et du cuivre, où la proportion entre un métal et l'autre est toujours égale au prix commun des métaux, il ne faut pas craindre qu'il en sorte jamais un once d'or ou d'argent, sans qu'il y en rentre la valeur. On pourra même encore y gagner, en exportant cette monnoie que les étrangers ont évaluée trop haut, et en tirant à soi toute celle qu'ils ont évaluée trop bas. Le législateur ne peut pas plus fixer à son gré le prix de l'argent que celui de toute autre marchandise; puisqu'il dépend du nombre des acquéreurs, comparé à celui des vendeurs. Quand les lois sur le numéraire ne sont qu'une déclaration pure et simple de la valeur des métaux, il n'est pas possible qu'il y ait du désordre dans les changes. Qu'on se resouvienne de la définition que nous avons donnée au prix commun. La variation dans le prix de l'argent ne permet pas qu'un tarif de monnoies puisse servir long-temps de règle juste. Quoique vraie dans son origine, elle devient fausse par la variation des circonstances. Peu importe au bonheur d'un état que l'argent porte une empreinte plutôt qu'une autre. Aussi les petits états paient-ils trop chers la vanité d'avoir de l'argent à leur coin. Les dépenses et le déchet de la monnoie retombent sur le trésor public; ou bien, leur numéraire n'a plus la même valeur intrinsèque, et perd beaucoup dans le commerce qu'ils font avec les étrangers. Je crois donc que les petits états doivent se contenter d'avoir un tarif exact des monnoies, et de les admettre indifféremment dans leurs transactions, en les évaluant comme un simple métal. Mais une grande nation est obligée d'avoir une monnoie en activité, et d'en supporter les frais, pour maintenir en circulation la plus grande quantité possible de métal. C'est de cette circulation que dépend, comme nous l'avons dit, l'augmentation du commerce et des vendeurs, l'abondance dans l'intérieur, et l'exportation du superflu, qui est la sule et vraie base de la force et des richesses d'un état.

En effet, une grande nation a des mines, ou un commerce étendu; elle peut donc se procurer tous les métaux précieux sans être monnoyés; elle a la matière première de la monnoie, et la tient toujours en activité. Mais un petit état qui n'a point de mines, est nécessité pour battre monnoie, de fondre les métaux qu'il achète, ou le numéraire étranger. S'il achète des métaux, c'est autant de numéraire de sorti. S'il fond l'argent de l'étranger, c'est autant de perdu. S'il veut compenser les frais et le déchet de la monnoie, en donnant une plus grande valeur à son numéraire, cette valeur ne sera qu'imaginaire aux yeux des étrangers. Si pour réparer le déficit, il donne moins de valeur aux petites espèces destinées aux fractions; l'étranger ne voudra pas les recevoir, et l'on verra hausser les pièces d'or et d'argent.

Je dis donc que le meilleur système pour un petit état est d'avoir un tarif de toutes les espèces en circulation, évaluées d'après le prix commun des métaux. Si le ducat vaut dix francs, le franc sera la dixième partie du ducat. Supposons-le pesant 70 grains d'or pur, le franc sera de sept grains de même or, ou de cent cinq grains d'argent pur, selon la proportion de un à quinze. Chacun entendra ce que c'est qu'un franc, sans avoir besoin d'une monnoie qui en porte le nom. La manufacture de la monnoie est la seule qu'on ne veuille pas payer, elle est cependant d'une nécessité reconnue. Sans elle il faudroit non-seulement peser, mais encore éprouver les morceaux de métal qu'on voudroit donner en paiement ; il n'y auroit plus de numéraire. Si les nations Européennes s'accordoient à évaluer dans les monnoies tant par cent pour les frais de manufacture, les peuples qui ont des mines feroient battre monnoie, au lieu de vendre l'or et l'argent comme simples métaux. Mais puisqu'on suit un autre système, les frais de la monnoie seront toujours en pure perte, à moins que les étrangers ne donnent à notre numéraire une valeur qu'il n'a réellement pas.

CHAPITRE. XIX.

De la balance du Commerce.

Beaucoup d'auteurs ont écrit sur la balance du commerce, et la manière de calculer si les richesses d'une nation vont en croissant ou en diminuant. On appelle ordinairement balance du commerce, l'excès de l'exportation comparé à l'importation, *et vice versâ*. Cette manière de s'exprimer n'est ni précise, ni exacte. L'importation et l'exportation doivent toujours se contre-balancer dans un état, et la valeur de toutes les marchandises qui y sont entrées doit nécessairement au bout d'une certaine époque égaler la valeur de toutes celles qui en sont sorties. Cette vérité est facile à comprendre, si l'on fait attention que l'argent est une marchandise avec laquelle on paie ses dettes. Il faut donc le mettre au nombre des objets importés ou exportés. Nous avons vu que l'augmentation du numéraire en circulation étoit l'ame du commerce, et influoit nécessairement sur les productions annuelles. Il s'ensuit qu'une nation se ruineroit si elle faisoit passer, tous les ans chez l'étranger, une masse de son numéraire, égale à toute la valeur des marchandises qu'elle en a achetées; elle s'enrichiroit au contraire, si elle recevoit en argent la valeur de tous les effets qu'elle a exportés. Nous entendons par le nom de balance la comparaison que l'on fait de deux quantités, c'est-à-dire, de toute la valeur des marchandises exportées, et de toute la valeur des rentrées. Cette opération seroit incertaine et arbitraire, si elle s'éloignoit des principes simples de l'arithmétique. On ne peut se flatter de faire la balance d'un état avec la même exactitude qu'on feroit celle d'une famille particulière. La balance d'une famille se fait en comparant ce qu'elle possédoit avec ce qu'elle possède actuellement, en y comprenant les dettes. Mais dans un état il est impossible de calculer tout le numéraire, toutes les marchandises, et tout ce que l'on doit à l'étranger. Dans ce sens, on ne peut, à proprement dire, faire la balance du commerce. Il faut donc entendre, par cette expression peu exacte, l'action de découvrir si la nation s'enrichit ou se ruine. On a cru résoudre ce problême, en comparant les marchandises qui sortent avec celles qui rentrent; et réduisant les deux sommes chacune à une valeur approchée, on considère la différence qui résulte de ces deux quantités, comme la quantité du numéraire qui a dû augmenter ou diminuer dans l'état.

En comparant les marchandises exportées avec celles qui sont rentrées, on peut toujours savoir si la valeur des effets vendus à l'étranger surpasse, ou non, la valeur de ce qu'on lui a acheté. Il sera facile alors de juger si la nation se ruine ou s'enrichit. Si sa consommation est plus grande que la masse de ses productions, elle a réellement perdu. Il en est d'elle comme d'une famille qui mange son capital avec son revenu. Si les employés aux douanes écrivoient exactement tout ce qui entre dans un état, ou qui en sort, en dépouillant les registres, on trouveroit les rapports de la valeur des marchandises étrangères qu'on achète comparée aux productions indigènes que l'on vend. Mais combien peu de peuples ont cette exactitude ! Il en est d'autres chez qui les productions de la terre et des manufactures sont exemptes d'impôts. Quand bien même on tiendroit un registre exact de toutes les marchandises, on ne peut en tenir un du numéraire. Il sort et entre sans obstacles, soit que nous le placions chez l'étranger, ou que l'étranger le place chez nous. Quoiqu'il ne fasse point partie des productions annuelles, ni de la consommation, il peut cependant rendre la circulation intérieure plus ou moins rapide, comme nous l'avons vu. Il faudroit donc avoir le compte juste et précis de tout le numéraire qui est entré ou sorti, pour connoître exactement la quantité dont les productions indigènes ont augmenté ou diminué. Les registres des douanes ne suffisent donc pas pour nous conduire à cette connoissance; néanmoins il est toujours utile de les consulter. Il faut de la clarté dans les idées, pour imaginer un moyen avec lequel on puisse procéder sûrement dans un calcul composé d'un si grand nombre d'élémens, classer chaque marchandise, et la réduire à sa valeur approchée. Il faut, dis-je, de la clarté dans les idées, pour embrasser tant d'objets avec l'arithmétique; car un calcul que l'on ne pourroit pas vérifier, ne pourroit servir de base à aucun raisonnement solide. Le dépouillement des registres seroit sans doute plus utile, s'il nous faisoit connoître, non-seulement la quantité des marchandises exportées, ou rentrées, mais encore le lieu d'où elles viennent, et celui de leur destination. Mais il faudroit trop de temps et de dépenses pour faire cette opération arithmétique, encore n'en tireroit-on pas tant d'avantage qu'il le paroît au premier coup-d'œil. Toutes les marchandises ne nous viennent pas directement du lieu où elles ont été fabriquées, on les inscrit sur les registres de la douane, comme provenant des villes où on les a chargées. Il s'en suit donc une erreur grossière. Les productions indigènes que nous transportrons ne vont pas directement au lieu de leur destination; autre source d'erreur, parce que, d'après les registres des douanes, elles se trouveront redevables à un pays par où elles n'ont fait que passer. La troisième source d'erreur vient de l'impéritie des voituriers et des conducteurs; on ne peut guères compter sur leur exactitude. Ces trois grandes sources d'erreur influent naturellement sur une semblable opération. A quoi serviroit-elle, d'ailleurs, si elle ne donne qu'une vue imparfaite des rapports qu'une nation a avec chacune de celles qui communiquent avec elle? Car une lettre de change peut nous rendre débiteurs d'un peuple dont nous étions les créanciers, *et vice versâ.* Si pour conserver une apparence brillante, on a omis l'essentiel, c'est-à-dire, la véritable organisation arithmétique qui seule peut nous donner la vérification de toutes les sommes, en les rappelant à leurs élémens, on a fait une très-mauvaise opération, parce qu'on a sacrifié la réalité à l'apparence. Un état est une grande famille; il faut nécessairement qu'elle sache, à la fin de l'année, si elle a gagné ou perdu, et quels sont les articles sur lesquels elle a perdu ou gagné. Peu lui importe de connoître le nom de ses créanciers et débiteurs, et le sol qui produit les marchandises qu'elle achete. Je crois donc qu'en faisant la dépouille des registres des douanes, il est intéressant de distinguer chaque espèce de marchandises, avec leur prix et leur division; mais il faut que ce calcul ne soit point arbitraire, et puisse se vérifier. Une carte faite sur ces principes, donne à l'habile politique une idée juste de l'état où se trouve l'industrie de la nation; elle lui fait connoître quelle est la branche qui a besoin d'un secours plus prompt, quelle est celle qui prospère; qui des laboureurs ou des ouvriers mérite une protection plus particulière, pour amener l'abondance dans l'état. Si l'on n'a point d'aperçu, comment distinguera-t-on la caste du peuple qui souffre? La nation perdroit une partie de son industrie avant qu'on s'en doutât. On ne pourroit jamais sentir de quelle importance il est de diminuer les impôts sur telle branche de commerce. On seroit nécessité de s'en rapporter au hazard, ou de l'abandonner à elle-même, sans qu'on pût soupçonner que le changement des circonstances exige que telle marchandise paye moins de droits qu'auparavant. Si le dépouillement des registres de la douane est de quelque utilité, il ne peut cependant nous apprendre si les productions augmentent ou diminuent chaque année; car je suppose que la somme des marchandises que nous avons achetées surpasse la somme de celles que nous avons exportées, la nation ne pourroit-elle pas avoir reçu plus de numéraire qu'elle n'en auroit déboursé ? La circulation seroit donc augmentée, et conséquemment l'industrie nationale.

CHAPITRE XX.

Du Change.

Quelques-uns cherchent à connoître l'état des productions annuelles par le cours des changes. Pour avoir une idée d'une matière obscurcie par le langage technique, et le détail minutieux qu'on nous en a donné, il suffit de réfléchir que les dettes contractées par les marchands de l'intérieur avec les étrangers se balancent facilement jusqu'à ce que ceux-ci leur doivent une valeur égale. Car le négociant cède son débiteur à son créancier, sans frais de transport entre les deux nations. Mais si, après avoir calculé les créances et les dettes, la nation reste arriérée, elle sera nécessitée d'égaler la somme de l'exportation à celle de l'importation, et d'envoyer son numéraire chez l'étranger, ce qu'elle ne peut faire sans dangers et sans dépense. En ce cas donc un particulier qui veut faire passer une somme d'argent chez l'étranger, est tenu aux frais de transport. S'il charge un négociant de liquider sa dette, il sera toujours obligé de payer ces frais. Celui donc qui veut avoir une lettre de change pour le pays étranger, doit payer plus que la somme qu'on déboursera dans le pays. Le change perd en ce cas.

Supposons au contraire que, tout calcul fait, les étrangers nous soient redevables; les frais de transport seront à leur charge. Il en résultera que pour éviter ces frais, qui tombent toujours sur le débiteur, ils aimeront mieux payer sur le lieu même quelque chose de plus qu'ils ne doivent; et pour tirer sur eux une lettre de change, il nous en coûtera quelque chose de moins qu'ils ont réellement payé. On dit alors que le change gagne.

Si le change perdoit ou gagnoit toujours également, ou pour me servir du mot technique, s'il étoit au-dessus, ou au-dessous du pair dans tout le cours de l'année, on pourroit en tirer des éclaircissemens sur les productions annuelles; mais ce cas n'est qu'imaginaire. La vérité est que les changes varient tous les jours. Les conséquences qu'on en tireroit, se trouveroient fausses. Quand les négocians veulent faire passer des fonds dans un pays étranger, ou pour faire leurs provisions, ou pour d'autres spéculations, le change hausse sur la place; les productions annuelles n'en sont pas augmentées pour cela, elles pourroient être même plus rares. Donc tout système fondé sur le cours des changes est équivoque.

CHAPITRE XXI.

De la Population.

L'AUGMENTATION de la population dans un état est le moyen le plus sûr pour connoître l'accroissement des productions annuelles. L'espèce humaine, comme toutes les autres, tend à se multiplier et à se perpétuer. Quelquefois les inondations, les tremblemens de terre, les volcans, et tous les autres phénomènes de la nature détruisent les individus. Les liaisons d'une nation avec une autre communiquent les maladies, les contagions et la guerre. L'industrie même fait périr des milliers d'hommes, soit par les naufrages et les maladies inévitables pendant le cours d'une longue navigation, soit par l'air pestiféré que l'on respire dans les mines. Mais dans le cours ordinaire des choses, la nature humaine tend à se multiplier à l'infini, comme on peut le voir dans l'excellent ouvrage que l'on a fait sur cette matière. Il faut en conclure que dans un état où la population n'augmente point, ou n'augmente que lentement, sans suivre les proportions de la fécondité naturelle, la politique est d'autant plus coupable, que la nation est plus éloignée de l'état où elle devroit être, à moins que cette stérilité n'ait, comme je l'ai dit, des causes extraordinaires. L'habitude attache tellement l'homme à son pays natal, qu'il aime mieux souffrir que de l'abandonner; et le mariage est si séduisant, que la nature même nous en fait une loi, à moins que nous ne soyons dans l'impossibilité d'en soutenir les charges.

L'on comprend aisément que la force d'un état consiste dans le nombre des individus qu'il nourrit. Plus il est peuplé, plus il doit faire de consommation; et plus il fait de consommation, plus il doit multiplier ses productions. C'est donc par l'augmentation ou la diminution du peuple qu'il faut juger si les productions diminuent ou se multiplient. Cette multiplication est une preuve de la sûreté que les hommes trouvent dans l'état, et de l'émulation qui règne entre eux. Ces deux qualités sont inséparables dans une société civilisée et animée par l'industrie. L'on connoîtra donc, par l'accroissement de la population, celui des productions annuelles. Il peut, beaucoup mieux que la simple exportation, servir de regle pour juger de la force et de la prospérité d'un état.

L'augmentation du travail, comme quelques-uns l'ont cru, n'est pas toujours une règle certaine pour connoître la force et la prospérité d'un état; car les productions ne sont pas toujours proportionnées au travail. Un peuple qui n'auroit pas encore su perfectionner les instrumens propres à l'agriculture et aux arts, travailleroit davantage; mais il n'en seroit pas plus riche. Voici le problême de l'Economie politique, « augmenter au possible les productions annuelles avec le moins de travail possible; ou trouver avec le moins de travail possible, une certaine quantité de productions; ou, étant donnée la quantité de travail, en tirer la plus grande somme de productions. » Je dis que l'exportation annuelle est une règle équivoque pour mesurer la force et la félicité d'un état. Car l'affluence des étrangers peut être telle que la consommation qu'ils font diminue la masse de l'exportation. Mais l'état n'en seroit pas plus riche, si ces nouveaux consommateurs, augmentant dans la suite les productions annnelles, contribuoient à augmenter l'exportation. Il pourroit encore arriver tout le contraire, si par quelqu'accident la population diminuoit, l'exportation annuelle augmenteroit pendant quelque temps. L'exportation seule n'est donc pas une règle sûre pour calculer les productions annuelles d'une nation.

CHAPITRE XXII.

De la distribution locale des Hommes.

Mais vaut-il mieux que cette population soit répandue dans une vaste contrée que concentrée dans un espace plus étroit? Si la population est trop répandue, le commerce de l'intérieur sera le plus petit possible; parce que plus les villages, plus les villes seront éloignées, moins il sera facile aux contractans de communiquer ensemble. Conséquemment il n'y aura point de circulation, et le commerce ne se fera que dans les cas particuliers, où l'on trouvera dans le prix une différence sensible d'un lieu à un autre. Les hommes se trouvant isolés, l'industrie languira, et les productions annuelles n'excéderont guères les besoins de première nécessité. Si au contraire la population est resserrée dans un espace trop étroit, la circulation sera très-rapide, et les productions annuelles se multiplieront à l'infini. Mais la terre ne pouvant produire assez de denrées en raison de la consommation, le peuple tournera son industrie du côté des manufactures. Comme leur valeur dépend de l'opinion, et que cette opinion varie selonles circonstances, elle sera toujours plus incertaine et plus précaire que celle des productions de la terre, nécessaires à son existence. Il deviendra très-riche ; mais ses richesses seront moins sûres, si on les compare aux besoins physiques et naturels. Ces mêmes besoins le rendront plus actif ; il pourra faire réussir les entreprises les plus hardies. Mais s'il se relâche un instant, si la circulation s'arrête, si elle n'est plus protégée par les lois, tout changera de face, il ne restera plus qu'une portion de peuple proportionnée aux denrées que le sol pourra produire. C'est entre ces deux extrêmes qu'il faut placer un état, si on veut qu'il soit heureux. Il ne doit pas occuper trop de terrain; ce seroit empêcher les hommes de communiquer ensemble. Il ne doit pas être resserré de manière à se trouver nécessité à tirer ses alimens du dehors.

Les villes sont dans une province, ce que les places de marché sont dans une ville. C'est le point central où viennent se réunir les vendeurs et les acquéreurs. La capitale est aux autres villes ce qu'elles sont elles-mêmes à la province. On peut demander si la grande population des villes, et sur-tout de la capitale, est plus avantageuse à une nation que celle des campagnes. Les habitans des villes ne vivent pas aussi long-temps que ceux des campagnes, parce qu'ils sont moins sobres, et qu'ils respirent un air moins pur. Un seul paysan contribue plus à grossir la masse des productions annuelles qu'une partie des citadins. Il paroît donc qu'il est de l'intérêt d'un état d'avoir plus de cultivateurs que de citadins.

Mais faisons réflexion à ce que nous avons avancé. Plus les hommes sont resserrés, plus la circulation est rapide, et plus ils sont industrieux. Les grandes villes et sur-tout celles où la population est considérable, sont le foyer d'où jaillit le feu bienfaisant qui se répand dans la campagne, et y entretient l'industrie. Abandonnée à elle-même, elle y seroit bientôt assoupie, parce que l'homme isolé a peu de besoins. Une grande masse d'individus, concentrée dans une space étroit, doit nécessairement donner plus d'activité à la terre qui l'environne, pour en retirer les denrées dont il a besoin. Dans les villes où la population abonde, un grand nombre d'ouvriers travaille à tout ce qui peut rendre la vie plus commode; on y raffine les arts; on y perfectionne les manufactures les plus difficiles. Si les habitans des villes refluoient dans les campagnes, il n'y a point de doute que la circulation diminueroit; l'industrie seroit moins active, et les productions annuelles suivroient conséquemment la même progression. On sait qu'on fait plus de dépenses dans les villes que dans les campagnes, et moins dans les petites villes que dans les grandes. Donc il y a moins de circulation, quand la population est plus répandue, et il en a beaucoup plus, quand cette même population est plus concentrée. Les productions annuelles augmentent en raison du débit, c'est-à-dire, en raison de la circulation. Elles seront donc plus abondantes dans un état où il y a plus de villes très-peuplées.

Dans toutes les nations il doit y avoir une proportion entre les habitans des villes et ceux des campagnes. Dans un état militaire qui veut faire des conquêtes, ou qui a de puissans ennemis, il faut rendre la vie plus aisée aux cultivateurs qu'aux citadins, pour augmenter la population dans les campagnes ; parce que les premiers sont plus propres à porter les armes, et qu'il est plus difficile de conquérir un peuple qui est plus répandu. Un million d'hommes rassemblés dans une même ville, se rendra dès qu'il se verra exposé au feu de l'ennemi. Si ce même nombre d'individus est épars çà-et-là, on n'en fera pas si facilement la conquête, et on pourra encore moins la conserver. Nous en avons la preuve dans les Parthes, les Scytes, les Arabes, les Tartares, etc. Mais il est plus avantageux à une nation qui n'a rien à craindre de ses voisins, et qui ne veut pas reculer les bornes de son territoir; il lui est plus avantageux, dis-je, d'avoir des villes très-peuplées. Il s'en suivra que les terres, pourvu qu'elles soient bonnes, rendront en raison de la consommation.

Uu brin d'herbe la plus commune, coupé dans un pré, est une matière morte tant qu'il reste isolé ou rassemblé en poignées; mais si vous en faites une grosse meule, vous la verrez bientôt fermenter et s'échauffer au point de s'enflammer et d'éclairer l'horizon. Une grappe de raisin abandonnée à elle-même, ou réunie à quelques autres, pourrit et ne donne que de la lie; mais si vous en remplissez un grand vase, le choc des parties volatiles met tout la masse en action, la fermentation devient générale, il en sort une liqueur qui répand dans l'atmosphère des atômes odoriférans, et fait couler la gaîté et la vie dans les veines de ceux qui en goûtent. Telle est la peinture du genre humain. L'homme isolé est imide, sauvage et inepte; réuni à un petit nombre, il ne sait rien, ou peu de chose; mais si vous concentrez dans un espace étroit une grande masse d'individus, elle s'animera, créera, perfectionnera les arts, et répandra autour d'elle l'activité, l'abondance et la vie.

CHAPITRE XXIII.

Erreurs que l'on peut faire dans le calcul de la Population.

En retournant au sujet principal, l'accroissement de la population est, comme nous l'avons vu au Chapitre XXI, la marque la plus certaine de l'augmentation des productions. Mais pour vérifier ce fait, examinons le attentivement. Quelquefois la population paroît avoir augmenté ou diminué dans un état, par cela seul que l'attention qu'on a mise dans les recherches a augmenté ou diminué. Les registres des églises nous semblent être les plus fidèles ; mais si on les compare avec d'autres registres moins exacts, la différence des deux termes ne prouvera pas l'état réel de la population. Ilne faut point perdre de vue cet examen, quoique minutieux ; car, pour tirer une conséquence sur la population, il est nécessaire qu'il y ait, dans les différentes années que l'on compare, la même fidélité et la même exactitude.

Il seroit facile de prouver si la population

d'un état est diminuée ou augmentée, en la comparant avec celle d'une année prise indirectement dans le passé. Après une peste ou de longues guerres, une nation étoit naturellement moins peuplée qu'elle ne l'est aujourd'hui. Dans ce calcul il ne suffit pas d'avoir deux extrêmes ; il faut prendre une série de plusieurs années précédentes. Une suite de six ou huit ans consécutifs nous donne la progression de la population. En formant une proportion moyenne d'un plus grand nombre d'années, nous connoîtrons les rapports qu'il y a entre les deux proportions, et nous pourrons en tirer la conséquence la plus juste possible, pour savoir si les productions annuelles et la prospérité de l'état vont en croissant ou en décroissant.

On a fait en ce siècle des recherches curieuses et quelquefois utiles sur la population des nations. Il est cependant vrai que la position physique et les lois de chaque peuple font tellement varier les rapports qui se trouvent entre les différentes classes d'hommes, qu'on ne peut en tirer par analogie que très-peu de probabilité. La quantité des ecclésiastiques n'est pas la même chez toutes les nations. Le mariage et le célibat dépendent des lois et des différentes coutumes des peuples. La proportion des sexes varie donc beaucoup, comme l'ont prouvé d'illustres écrivains. Il faut toujours avoir ces objets présens à l'esprit, pour apprendre à douter, et rechercher la vérité. Celui qui voudroit établir une proportion entre les célibataires et les hommes mariés, entre les ecclésiastiques et les laïcs, entre les hommes et les femmes, seroit en erreur à Madrid, ou à Londres.

Pour comparer la population d'un état avec celle d'un autre, il faut diviser le nombre des habitans par l'espace du terrain qu'occupe la nation ; on verra combien d'individus sont contenus dans un mille quarré, et lequel des deux états est, proportion gardée, le plus peuplé. Mais, pour ne point donner dans l'erreur, il faut avoir quatre dates bien connues et très-sûres. Supposons que l'on veuille comparer la population de la France à celle de l'Angleterre, il faut connoître exactement ces quatre choses : 1°. La population exacte de la France ; 2°. Son étendue précise ; 3°. La population exacte de l'Angleterre ; 4°. La juste superficie de cette île. Le calcul seroit faux s'il se glissoit une erreur dans l'une de ces quatre choses.

Je ne finirois jamais si je voulois faire connoitre toutes les erreurs où l'on peut tomber en faisant ces calculs politiques. Chaque nation a ses beaux jours et ses mauvais ; par-tout il est des hommes qui tirent parti du désordre public. Ils sont intéressés à vanter le présent, à étouffer la voix plaintive des peuples, et à empêcher le législateur de remédier aux maux. Il est également des êtres négligens et ambitieux qui ne travaillent qu'à augmenter la misère publique, pour en faire tomber tout l'odieux sur ceux qui sont en place. Il faut pour faire ce calcul, aimer la vérité et n'avoir pas plus de partialité pour une opinion que pour une autre.

CHAPITRE XXIV.

Division du Peuple en classes.

Je considère les individus qui composent une nation, comme divisés en trois classes; les producteurs, les médiateurs, et les consommateurs. Je ne parle point de la caste séparée des directeurs. J'appelle de ce nom ceux qui réprésentent la nation, les magistrats, les juges, les militaires et les ministres de la religion. Les producteurs sont ceux qui cultivent la terre ou les arts; qui, en modifiant les productions de la nature, leur donnent une nouvelle valeur, et créent, pour ainsi dire, ce qu'on appelle les productions annuelles. Les médiateurs forment cette classe d'hommes qui tiennent le milieu entre les producteurs et les consommateurs. Ils procurent aux premiers le débit des effets qui sont le fruit de leur industrie, en leur présentant une somme de numéraire proportionnée à ces effets. Ils présentent aux autres le choix de toutes les marchandises dont ils peuvent avoir besoin. Ces médiateurs sont tous les marchands, tous ceux qui achètent pour revendre, tous les individus, en un mot, qui servent à transporter les productions. Ils rapprochent le consommateur du producteur, et facilitent la circulation. Il est facile de comprendre ce que l'on entend par consommateurs. Ce sont tous ceux qui ne mettent rien de leur industrie dans la masse commune de la société.

Ces trois classes primitives ne sont cependant pas incompatibles; car tout vendeur doit aussi être acquéreur, comme nous l'avons vu Chapitre V. Tout producteur est aussi consommateur de toute la portion nécessaire à son existence. J'en dis de même des médiateurs. Il semble, au premier coup-d'œil, que les consommateurs soient inutiles à l'état ; car s'ils sortoient tous de son territoire, il en résulteroit que l'exportation annuelle se trouveroit augmentée de tout l'excédent de la consommation de l'intérieur. L'état y gagneroit donc, puisque la circulation se feroit plus rapidement. Mais en politique, il faut se défier des conséquences que l'on tire sans réflexion des objets. Les consommateurs sont en grande partie propriétaires des fonds. Comme ils mènent une vie toute passive, ils ont besoin d'être continuellement réveillés par les plaisirs. Ne pouvant rester sans argent, ils contribuent donc indirectement à multiplier les productions. Ils imaginent mille moyens pour augmenter le revenu de leurs terres. Ils aiguillonnent sans cesse le cultivateur qui sans eux auroit beaucoup moins d'activité. Quoique la profusion des propriétaires soit quelquefois funeste à l'état, elle n'en contribue pas moins à multiplier les productions annuelles. Ce seroit prétendre à la perfection de Platon, que de ne pas vouloir souffrir dans un état des consommateurs purs et simples. La propriété des richesses légitimement acquises doit être sacrée. Si l'on admet ce principe, pourra-t-on faire un crime à un individu de ne rien faire ? Libre de toutes les inquiétudes qui suivent les besoins de la vie, cette caste mieux élevée, parce qu'elle est plus riche, fournira à l'état les magistrats, les hommes de lettres, les officiers, et déchargera le gouvernement des dépenses qu'il seroit nécessité de faire, en donnant ces emplois à des êtres sans fortune. Les consommateurs à charge à l'état sont ceux qui ne possèdent rien, et ne vivent que d'aumônes ou d'emprunts. Ils pèsent réellement sur les autres classes du peuples, et ne servent qu'à diminuer la masse de l'exportation annuelle. C'est au législateur à en réduire le nombre. Je ne ferai point l'énumération odieuse de tous les êtres qui se trouvent dans ce cas. Mon but n'est que de donner des aperçus généraux ; je laisse aux autres le soin de les mettre en pratique. Il suffit de répéter à mes lecteurs ce que j'ai observé dans un excellent ouvrage ; les vices politiques ne sont pas tous des vices moraux, et tous les vices moraux ne sont pas des vices politiques. Les trois classes dont je viens de parler se réduiront d'elles-mêmes à de justes proportions, si les lois et l'opinion laissent un libre cours à la nature des choses. Car les médiateurs doivent nécessairement se circonscrire dans le nombre des contractans; c'est-à-dire qu'ils seront proportionnés à la quantité des productions et de la consommation. Les producteurs se multiplieront jusqu'à ce qu'ils se trouvent en équilibre avec les consommateurs. Le résultat général des besoins fait rentrer la masse dans un juste niveau. Mais si on limite le nombre des médiateurs, en les réduisant en corporations, comme nous l'avons vu plus haut; ou si on multiplie les consommateurs qui ne possèdent rien, l'équilibre sera détruit. Un ministre habile aura recours à des moyens indirects pour détruire les corporations, et laissera agir la nature sage et bienfaisante. Il est avantageux que les consommateurs propriétaires se multiplient. Nous avons vu, Chapitre VI, qu'une vaste étendue de terrain apartenant à un seul particulier, rapporte bien moins que si elle appartenoit à plusieurs. Le propriétaire d'un petit héritage le cultivera avec plus de zèle et d'activité que celui qui possède de grands domaines. Ajoutons à cela que plus les propriétaires sont nombreux, plus les denrées se trouvent réparties et divisées; et plusil y a de vendeurs, plus l'abondance publique est grande. Les moyens que doit employer alors un ministre éclairé, sont les mêmes que j'ai indiqués en parlant des états où les fortunes sont distribuées trop également. On peut encore placer ici cette observation : plus il y a de propriétaires dans un état, plus il se trouve d'individus intéressés à sa conservation. En effet, les vrais indigenes d'un pays sont ceux qui y possèdent des terres. Ils y sont attachés, et par l'habitude qui est commune à tous les hommes, et par le desir de conserver leur propriété. Le médiateur peut emporter sa fortune, ou en trouver une autre en quittant sa patrie. Ames sensibles et bienfaisantes, qui connoissez les droits sacrés de l'homme, ne me faites pas un crime de ne le considérer que d'une manière abstraite, et comme partie de la société, à la force et au bien-être de laquelle il contribue! Non, je ne rabaisse point l'homme à la condition servile d'un instrument purement mécanique. Que ne puis-je annoncer avec fruit les droits primitifs de cet être intelligent, qui ne s'est associé que pour être plus heureux! Droits publiés par ces êtres sublimes que la tyrannie déteste que le vulgaire ne connoît pas, et qui ne sont honorés que par quelques individus foibles et isolés. C'est avec regret que je réprime ces élans de mon cœur; mais la froide raison m'invite à travailler au bonheur du genre humain, non en me servant du langage du sentiment, mais en faisant tranquillement l'analyse des causes. Je cherche à éclairer ceux qui peuvent faire le bien, en leur montrant la coïncidence des intérêts communs. Respectons l'élévation du génie et la vertu active de ces êtres isolés qui osent élever la voix contre l'abus du pouvoir, et qui voudroient faire rougir le genre humain de ses vices et de ses erreurs. Si l'humanité pouvoit prétendre au bonheur, c'est la vertu seule qui lui en montreroit le sentier. Mais telle est la condition de l'homme, on obtient plus en flattant son intérêt particulier, qu'en intéressant sa gloire. Il est si peu d'ames qui y soient sensibles.

CHAPITRE XXV.

Des Colonies et des Conquêtes.

S'IL est vrai que la force d'un état et la masse des productions annuelles soient toujours proportionnées à la population, que devons-nous penser des colonies que l'on transplante dans les régions lointaines, pour en assurer la conquête. Un peuple qui a une marine puissante peut réparer le *déficit* que ses colonies ont laissé dans la population. Son commerce maritime deviendra plus florissant, il revendra les productions de ses colonies, et rendra la circulation si rapide, qu'il ne s'apercevra bientôt plus de la perte qu'il avoit faite. Mais une nation qui ne peut avoir naturellement qu'une puissance terrestre, parce qu'elle ne peut être attaquée que par terre, une nation qui n'est pas encore peuplée comme elle pourroit l'être, ne tirera pas les mêmes avantages de ses colonies. Elle se trouvera dépeuplée, et nécessitée d'entretenir une marine trop onéreuse. Il me semble qu'un peuple ne devroit pas chercher à se rendre formidable dans un autre monde, s'il ne l'est pas dans celui qu'il habite; car plus il étend sa domination au dehors, moins il lui reste de force pour se défendre chez lui. Au bout de deux à trois générations, les colonies perdent l'affection qu'elles avoient pour leur ancienne patrie; et si on ne fait pas de grands sacrifices pour les renouveler, il est à craindre qu'elles ne dégénèrent en froides alliées de peu d'utilité, ou qu'impatientes du joug qu'elles portent, elles ne déclarent la guerre à leurs anciens concitoyens.

Il en est de même des conquêtes éloignées. Si dans un pays conquis, même contigu aux vainqueurs, ils n'acquièrent pas plus d'hommes que de terrain, la population se trouvera diminuée, les hommes seront plus isolés, comme on l'a déja vu, quand la circulation se rallentit; et la masse des productions annuelles diminuera nécessairement.

CHAPITRE XXV.

Comme on encourage l'industrie en rapprochant l'homme de son semblable.

POUR animer les états trop vastes et dépeuplés, il faudroit pouvoir concentrer les hommes de manière à ne leur laisser que l'espace de terrain nécessaire à leur subsistance. Le reste ne séroit plus qu'un désert qui les séparoit de leurs voisins, et ils ne pourroient communiquer avec eux que par le canal de la mer et des fleuves. On verroit alors ces peuples, devenus plus actifs, croître et multiplier; la masse des productions annuelles augmenteroit dans la même proportion; l'exportation abondante feroit couler à grands flots le numéraire. A mesure que la circulation deviendroit plus rapide, la nation s'étendroit peu-à-peu sur la plaine qu'elle avoit abandonnée; et quand elle seroit arrivée jusqu'à ses voisins, elle se trouveroit riche, florissante et redoutable.

Nous le répétons encore; plus l'homme est isolé, plus il se rapproche de l'état de barbarie. Plus au contraire il est rapproché de la société, plus il devient actif et industrieux. Le législateur doit donc faire tous ses efforts pour rapprocher l'homme de son semblable, le village du village, et la ville de la ville. Nous remarquons ici qu'il a bien des moyens pour en venir à son but. Il n'est pas nécessaire que les particuliers changent d'habitation. Qu'il affranchisse le transport de l'intérieur, il rapprochera les villes entre lesquelles les impôts avoient élevé une barrière. Mais nous traiterons plus loin cette matière. Qu'il aplanisse les routes difficiles, et qu'il veille à leur sûreté; toutes les terres et les villes qui communiquent par ces routes se trouveront rapprochées. En effet, le temps qu'il faut pour transporter les marchandises d'un lieu à un autre, et les dépenses qui en résultent, sont toujours en raison de la distance ou du danger et de la difficulté, *et vice versâ*. Moins il faut de temps et d'argent pour transporter un objet d'un lieu à un autre, moins le prix de cet objet varie. Les grandes routes bien entretenues sont donc un des principaux ressorts du commerce de l'intérieur.

Il faut sur tout prendre garde de donner dans le luxe, et de passer les bornes de l'utilité pure et simple. Les routes trop larges et plutôt faites pour la pompe que pour l'usage commun, ne tendent qu'à amener la stérilité. Le luxe le plus dangereux est celui qui s'oppose à la navigation. Ces vastes jardins, ces forêts destinées au plaisir de la chasse, ces allées à perte de vue, et tous les abus de cette espèce, sont un genre de luxe qu'on ne peut jamais compenser. Le faste dans la consommation fait multiplier proportionnellement les productions annuelles, et le luxe stérile les anéantit. D'après ce principe même il n'est rien de plus avantageux que les canaux navigables pour rapprocher les peuples. Il est du devoir d'un gouvernement éclairé de veiller à la sûreté des grands chemins, de faire établir des auberges à de certaines distances, et de mettre en usage les moyens les plus propres à faciliter la circulation, et à encourager l'industrie, quelque isolés que soient les individus. Une puissance maritime qui sait faire respecter son pavillon, peut se dire contiguë à tous les ports de l'univers.

CHAPITRE XXVII.

De l'Agriculture.

Tout espace de terre est la matière première de l'agriculture. Elle seule constitue les véritables richesses des nations; elles ne dépendent point de l'opinion. Tout genre d'agriculture est utile à l'état, parce qu'il multiplie les productions ; mais celui-là est préférable, qui les augmente le plus. Il paroît que le législateur ne s'est jamais occupé de la culture des terres. Il s'est reposé sur l'activité du propriétaire qui a toujours le plus grand intérêt à retirer de son fonds le plus grand avantage possible. Il arrive cependant quelquefois que l'intérêt de l'état ne coïncide pas avec celui du propriétaire. Cette vérité est palpable ; car le propriétaire est moins intéressé à ce que ses terres rendent beaucoup , qu'à augmenter la rente qu'il en perçoit. Or, le propriétaire peut augmenter sa rente de deux manières , ou en améliorant son fonds ou en diminuant le nombre des journaliers. L'intérêt du propriétaire coïncide avec celui de l'état , quand il se sert du premier moyen pour augmenter son revenu ; mais s'il choisit le second, les deux intérêts se trouvent opposés. Les équations faites par addition sont toujours avantageuses en Economie politique ; faites par soustraction, elles sont pernicieuses. Il faut toujours chercher la plus grande action avec le plus grand effet. Supposons, que dans une branche d'agriculture, on emploie dix ouvriers pour un seul champ. Le propriétaire pourroit gagner davantage, en y substituant une autre culture où il n'emploieroit que deux hommes ; parce qu'ayant huit hommes de moins à payer, l'épargne qu'il feroit pourroit être plus grande que la différence entre les productions de la première espèce et celles de la seconde. Ceux qui sont destinés à veiller au bonheur public doivent donc ne jamais perdre de vue les différentes branches de l'agriculture. La première règle générale sera donc, « de préférer le genre d'agriculture qui tend le plus à augmenter la masse des productions annuelles, et qui emploie un plus grand nombre de bras. »

Il est des branches d'agriculture qui peuvent augmenter les productions annuelles d'une terre et diminuer dans une plus grande proportion celles d'une autre. On peut, par exemple, tirer parti d'un terrain marécageux en le desséchant. Mais si l'on divise un fleuve en plusieurs canaux, il est à craindre que les brouillards qui s'élèvent sur leur surface, ne rendent l'air mal-sain et ne causent bien des ravages par où ils passent. L'évaporation de l'eau ne se fait pas en raison de sa quantité absolue, mais en raison de sa surface. L'expérience nous a démontré que les pays humides sont bien plus exposés aux brouillards, aux pluies, et à la grêle que les pays secs. Toutes choses égales, dans des plaines semblables, et également disposées par rapport aux montagnes voisines, il pleut plus souvent dans un an, il y a plus d'orages, et ils sont plus terribles dans les contrées où il y a plus d'eaux. La Toscane est environnée de montagnes comme la Lombardie, et cependant il pleut beaucoup plus, il y a plus d'orages en Lombardie. On a fait dans le Milanez des expériences très-sûres; les brouillards se sont fait sentir en automne plutôt qu'à l'ordinaire; ils ont occupé plus de surface du côté des montagnes à mesure que les eaux s'en approchoient. Seconde règle générale; « il ne faut jamais préférer le genre de culture qui peut influer sur le climat. »

Il est un genre de culture qui peut d'abord

présenter des avantages, mais en forçant la terre, elle deviendra bientôt stérile, ou de peu de rapport. L'intérêt de la nation sera en ce cas opposé à celui du propriétaire. Combien de contrées autrefois si riantes, si fertiles, s'il faut en croire l'histoire, ne sont plus aujourd'hui que de vastes plaines de sable aride. Peut-être que le cours des eaux baignant la couche végétative de la terre, en a détaché insensiblement les sels et les parties huileuses qui constituent la fécondité, et n'a laissé, après une longue serie de siècles, qu'un fonds épuisé. Quand le sol est réduit à cette extrémité, c'est alors qu'il a besoin d'humidité. Le propriétaire ne prévoit et ne calcule pas ce dépérissement, parce qu'il ne le touche pas d'assez près. Mais la politique immortelle plonge dans l'avenir, et apprend au peuple à ne jamais s'enrichir aux dépens de ses descendans. La troisième règle générale sera donc « de préférer le genre d'agriculture qui convient le mieux à la conservation de la terre. »

Il est facile de voir combien il est préférable de tirer de la terre son aliment immédiat avant toutes choses, et combien l'aliment de première nécessité doit l'emporter sur celui de pur plaisir. Si en Amérique une peuplade employoit toutes ses terres à la culture du sucre, parce que dans la valeur totale elle y trouveroit plus d'avantage qu'à semer du blé, cette peuplade mèneroit une vie précaire et dépendante des étrangers. Ne devroit-elle pas, avant tout, tirer de son sol les alimens les plus nécessaires ? Quatrième règle générale : « il faut préférer la branche d'agriculture qui satisfait aux besoins physiques, jusqu'à ce qu'on n'ait rien à redouter de l'avenir. »

On peut faire d'autres observations sur l'agriculture et en déduire d'autres préceptes. Je crois qu'il est plus utile à l'état que le fermier paye le propriétaire plutôt en denrées qu'en numéraire ; parce que, pour trouver la somme qu'il doit donner, il est nécessité de vendre son grain à la hâte ; et comme dans toutes les nations, il y a une époque fixée pour le paiement des baux, les vendeurs se multiplient tout-à-coup, et les monopoleurs profitent de la circonstance pour accaparer les blés. Outre cela, il reste en stagnation une partie sensible du numéraire, parce que le fermier amasse peu-à-peu la somme dont il a besoin ; c'est donc autant de soustrait à la circulation. S'il payoit le propriétaire en blé, ou en vin, ces inconvéniens n'auroient plus lieu.

Il faut encore observer que l'excès des productions annuelles sur la consommation de l'intérieur est d'autant plus facile à transporter chez l'étranger qu'il est moins volumineux. On voit par-là quelles sont les autres règles que l'on peut ajouter à celles que j'ai données.

Quand je dis que cette matière est digne de l'attention du législateur, et qu'il y a un genre d'agriculture qu'il faut encourager, et un autre qu'il faut restreindre, je ne prétends pas qu'on force les propriétaires, par des lois directes ou pénales, à choisir l'un plutôt que que l'autre. En parlant des maux que peut produire une inondation trop étendue, mon intention n'est pas de faire changer la culture de ces terrains qui n'en sont plus susceptibles, moins encore de régler l'usage des prairies, ou de les bannir de l'Economie politique. Il ne faut jamais préférer cette branche de culture à celle des grains; mais en même temps, je soutiens que les lois coërcitives ne peuvent jamais produire de bons effets. En concentrant le droit de propriété dans des bornes trop étroites, elle tend à intimider les hommes, à décourager l'industrie, à faire naître l'indifférence dans l'esprit des propriétaires, et à détruire la végétation. C'est par des moyens doux qu'on propage l'agriculture à mesure que les productions se multiplient. Le législateur doit alors favoriser indirectement la culture la plus utile, ou en la chargeant moins d'impôts, ou en laissant plus de liberté au commerce des denrées les plus nécessaires, et levant de plus gros droits sur celles qui le sont moins. Si le commerce des grains étoit tellement embarrassé que le cultivateur aimât mieux changer ses terres en prairies, il faudroit lui rendre la liberté primitive. L'homme, tout capricieux qu'il est, ne veut pas être contraint dans sa volonté; il faut la guider sans violence, si on veut en obtenir un bien constant, qui ne soit pas compensé par un plus grand mal. Chez un peuple éclairé, l'homme agit directement, et les lois obliquement. Mais plus une nation est ignorante, plus les lois agissent directement, et les hommes obliquement.

On peut quelquefois encourager l'agriculture en distribuant des récompenses. Quelques nations nous en ont donné l'exemple; mais il en résulte ordinairement peu d'utilité réelle. 1°. Il est à craindre que la faveur n'y ait plus de part que le mérite; rien ne l'avilit tant que des récompenses arbitraires. 2°. Si ces prix consistent dans une valeur physique, ce sera une nouvelle charge imposée sur le peuple, pour une utilité partielle et incertaine. S'ils n'ont point de valeur réelle, on en fera bientôt un jeu. Il pourra arriver que chez un peuple vif, cette cérémonie n'ait pas tout le sérieux nécessaire à l'encouragement. Enfin, toute culture qui ne trouve pas sa récompense intrinsèque dans le rapport, sera toujours éphémère et de peu d'utilité. Je ne prétends pas que les récompenses ne puissent quelquefois produire de bons effets. Je dis seulement qu'elles ne sont qu'un luxe de législation. Il ne faut jamais y penser, si elle n'est pas exactement conforme à la société pour laquelle elle est établie.

On a dit que le gouvernement doit plus favoriser une culture que l'autre, en la réduisant à une seule théorie, j'ajouterai : « il faut préférer celle qui augmente le plus constamment la valeur totale des productions annuelles. »

Un ministre politique ne peut avoir d'autres pensées, pourvu que la nation ait tout son nécessaire, il s'inquiétera fort peu si la culture est variée ou non ; si le sol fournit aux arts beaucoup de matière première ; s'il produit enfin tout ce qui sert aux commodités de la vie. Tout rentre de soi-même dans le niveau ; une chose n'a de prix que parce qu'elle est utile. Plus on la cherche, plus elle devient chère. Si donc le propriétaire ne cultive pas telle ou telle denrée, c'est une preuve qu'il retire d'une autre manière plus de profit de ses terres, et qu'il peut acheter de l'étranger la matière première à meilleur marché. Qu'il est mal digéré le projet de vouloir former dans une nation un compendium de culture générale ! L'Economie politique ne doit avoir d'autre but que de grossir, autant qu'il est possible, la masse des productions annuelles. Il faut donc qu'elle encourage l'industrie, et lui donne plus d'activité.

CHAPITRE XXVIII.

Erreurs que l'on peut faire en calculant les progrès de l'agriculture.

J'AI dit qu'il falloit multiplier les productions autant qu'il étoit possible. Je n'entends pas qu'on doive les porter au comble, elles ne peuvent jamais y arriver. Le mouvement de l'industrie est, comme tous les autres mouvemens ; quelque rapide qu'il soit, on peut toujours l'augmenter. Exactement parlant, je sais qu'il s'agit d'élémens finis ; mais leur limite est encore tellement éloignée de l'état actuel des nations Européennes, qu'on peut les regarder comme infinis. Considérons seulement l'agriculture dont il est question. Tant qu'il y aura dans un état des terrains incultes, des communes, des prairies et des pâturages qui, s'ils étoient cultivés, auroient beaucoup plus de valeur et nourriroient un plus grand nombre d'hommes, on peut assurer qu'il y a encore beaucoup à faire pour hâter les progrès de l'agriculture. Il n'y a point de terre qui ne devienne féconde sous la main de l'homme. Où trouvera-t-on un peuple en Europe où l'agriculture soit arrivée à son dernier période ? Pour que cela fût, il faudroit que toutes les bruyères et toutes les communes fussent cultivées, qu'il n'y eût de prairies et de pâturages qu'autant que peut l'exiger l'entretien des animaux qui coopèrent à l'agriculture, et correspondent à la consommation de l'état. Tout ce que l'on nourrit de plus, pour servir de matière première aux manufactures, occasionne une diminution sensible dans le peuple, parce qu'ils absorbent la portion de sa subsistance.

Pour prouver que l'agriculture étoit arrivée à sa dernière perfection, on a cru qu'il suffisoit que l'intérêt des banques publiques fût très-bas, et que les capitalistes ne trouvassent pas à placer leurs fonds. Si l'agriculture, a-t-on dit, n'a plus besoin de capitaux, elle est donc à son dernier période. Pour trouver l'explication de ce phénomène, il suffit de faire attention que les avantages que l'on pourroit retirer de l'agriculture supposent la plus grande liberté possible du commerce des denrées, et que pour entreprendre d'augmenter la valeur d'un terrain, il faut une énergie plus qu'ordinaire. L'homme est naturellement indolent; il aime mieux être moins à son aise, et plus tranquille, que de rechercher de plus grands avatanges qui demandent trop de soins et de fatigues. Quand l'activité n'est pas générale, il est peu d'individus qui osent s'élever au-dessus du niveau. Si donc les capitalistes ne trouvent pas à placer leurs fonds plus utilement, ils les laisseront dans les banques publiques, et se contenteront du rabais. Il n'y a donc pas de raison à conclure plutôt en faveur de l'agriculture que des manufactures. L'intérêt de l'argent, quand il est bas, ranime, comme nons l'avons dit, l'industrie nationale;

mais il ne prouve pas que l'industrie soit déja en pleine activité. J'ai cependant avancé qu'on pouvoit juger de la félicité d'un peuple par l'intérêt du numéraire ; mais cela doit s'entendre de l'uniformité du rabais. En comparant le cours des deux nations, il sera facile de juger quelle est la plus heureuse.

CHAPITRE XXIX.

Origine de l'Impôt.

L'IMPÔT à beaucoup d'influence sur les productions annuelles ; il peut en diminuer ou en augmenter la masse, selon qu'il est bien ou mal réglé. Quand il est sagement réparti, il donne comme nous l'avons vu, plus d'énergie aux manufactures, et ranime les branches les plus précieuses de l'agriculture. Je vais parler de la théorie qui me paroît la plus propre à en faire connoître l'origine, la nature et l'influence sur la propriété d'un état. Je n'ai traité que les objets particuliers à l'Economie ; il me reste à parcourir ceux qui ont rapport à l'Economie politique. Elle comprend la manière de rendre un peuple plus riche, et de faire le meilleur usage de ses richesses; quoiqu'on nous ait donné sur cette matière de très-bons traités, et qu'on en ait développé presque tous les principes, je crois cependant qu'il reste encore quelque chose à dire. Pour avoir une idée de la nécessité et de la justice de l'impôt, considérons qu'il ne pourroit exister aucune société, si la violence et la fraude étoient impunies, et s'il plaisoit à une horde de brigands de la détruire. Il est donc nécessaire qu'une partie s'occupe à défendre le tout, et chaque individu en particulier, contre les usurpations et les insultes tant de l'intérieur que de l'extérieur. Une société qui n'auroit aucune forme de gouvernement se trouveroit nécessitée à la première menace d'une invasion, ou de se disperser en abandonnant le sol qui l'a vu naître, ou de se rassembler en tumulte pour repousser l'aggresseur; pendant ce temps là les terres resteroient incultes, et la faim la réduiroit bientôt à l'esclavage. Il en seroit de même des attaques domestiques; la force décideroit de tout, le trouble, le désordre, la confusion, seroient éternels.

Il est donc nécessaire, dis-je, qu'il y ait des hommes qui par état soient uniquement destinés à maintenir la sûreté des propriétés, à repousser la force par la force, à vérifier paisiblement les droits de chaque particulier; à veiller sur la félicité publique, et à la propager. Telle est l'origine des souverains, des milices, des magistrats et des ministres. Ces êtres particuliers, qui ne sont ni producteurs, ni médiateurs, je les appelle directeurs. La raison veut qu'ils soient entretenus aux dépens de la société, puisqu'ils veillent sans cesse à sa conservation et à son bonheur. La justice de l'impôt est basée sur le besoin que l'on a d'eux, et la somme totale de ce même impôt est le résultat de toutes les dépenses faites pour l'entretien de chaque membre, en raison de son utilité. « L'impôt n'est donc qu'une portion, de la propriété de chaque particulier qu'il dépose dans le trésor public pour jouir paisiblement du reste. »

Il est donc de l'intérêt de tout le monde que les impôts soient exactement payés, et qu'on les emploie à l'usage pour lequel ils ont été créés. Si l'on obéit sans répugnance aux lois qui coïncident avec l'intérêt général; si la voix publique condamne celui qui les viole, d'où vient donc que les impôts, qui intéressent la majeure partie de la société, trouvent dans la nation même une opposition continuelle, et que celui qui peut s'y soustraire n'est jamais désapprouvé ? C'est que l'intellect de l'homme est fait comme son œil ; un petit objet placé très-près de lui, l'empêche d'en apercevoir d'autres infiniment plus grands, mais plus éloignés. Le mal immédiat de se priver d'une partie de sa propriété est plus sensible que l'avantage éloigné d'être à l'abri d'une violence éventuelle. Secondement, l'homme comprend beaucoup mieux l'idée de sa propriété que le système général de l'organisation politique d'un état. Comme le tribut est une diminution de cette même propriété, et un rapport entre le particulier et la nation, il est plus affecté de cette diminution que de l'enchaînement des rapports qui la balancent. Cependant, si l'on eût toujours fait un bon usage des impôts, je suis persuadé que le peuple les regarderoit comme une dette sacrée. Peut-être même l'habitude eût-elle imprimé sur le front de chaque particulier qui cherche à s'y soustraire, la même honte qu'il éprouve, quand réuni à une petite société, il ne peut payer sa quote-part des plaisirs dont on a joui. Si l'opinion a flétri ceux qui ne font pas honneur aux dettes qu'ils ont contractées au jeu, pourquoi épargne-t-elle ceux qui ne payent pas le marchand, ou le trésor? Seroit-ce parce qu'il y a des lois pour les marchands et qu'il n'y en a point pour le jeu? Il est peut-être bon d'observer que l'abus du pouvoir législatif, et celui-là plus grand encore, de rendre la loi obscure et incertaine par des interprétations arbitraires, ont imprimé dans le cœur de l'homme une idée peu favorable à cette même loi. Voilà pourquoi l'opinion publique absout, autant qu'elle le peut, ceux que la loi condamne. Chez les peuples qui ont une heureuse législation, il y a peu de coïncidence entre la loi et l'opinion; elles se rencontrent toujours dans leurs jugemens. La divergence de ces deux principes pourroit bien nous donner la vraie mesure de la corruption d'une nation. Mais ces idées me feroient sortir du cercle de mon raisonnement.

Je m'éloignerois encore de mon sujet, si je voulois considérer ll'impôt comme unè portion légitime déposée dans le trésor public. D'autres ont traité cette matière. Pour ne point m'écarter de mon but, je considérerai l'impôt comme un objet pur et simple qui influe sur la circulation, sur les productions annuelles, sur l'industrie, et sur la prospérité d'un état.

CHAPITRE XXX.

Principes pour régler l'Impôt.

L'IMPÔT peut être funeste à une nation de deux manières : 1°. quand il excède ses forces ; 2°. quand il est mal réparti. Dans le premier cas, il n'y a point d'autre remède que de le proportionner aux ressources du peuple. Le second est plus embrouillé. Tâchons de classer nos idées et de réunir tous les cas particuliers. L'impôt est mal réparti, quand il pèse immédiatement sur la caste la plus foible de l'état ; quand la perception en est abusive ; quand il arrête la circulation ; quand il met des obstacles à l'exportation ; quand il captive l'industrie ; en un mot, quand il tend à diminuer la masse des productions annuelles. Chaque particulier partage uniformément le poids des impôts en raison de la consommation qu'il fait. Si on les répartit sur les terres ; supposons qu'ils soient payés en denrées, pour être distribués à la classe des directeurs dont j'ai parlé plus haut ; il est vrai que tous les individus qui composent cette classe n'en achèteront plus, et tout le reste étant égal, le cultivateur se trouveroit nécessité à donner ses denrées à meilleur marché ; il ne pourroit donc se dédommager de l'impôt sur le reste des acquéreurs. Mais je soutiens que tout le reste ne sera pas égal, et que le nombre des vendeurs diminuera aussi ; car en chargeant sur les propriétaires d'un nouvel impôt, il en résultera tout-à-coup un nouvel intérêt et un nouveau besoin d'argent. Les plus riches se garderont bien de vendre sur-le-champ leurs denrées, ils attendront qu'elles renchérissent. Les autres se trouvant en plus petit nombre, n'auront pas de peine à les vendre plus cher. Le prix une fois haussé, restera le même pendant tout le temps qu'on percevra l'impôt en nature, tout le reste étant égal. Supposons qu'on le paie en numéraire, comme on le fait réellement ; la caste des directeurs en formera une nouvelle d'acquéreurs ; et leur consommation sera toujours comme nous l'avons vu, en raison de leurs moyens. Ils concourront donc, avec le cultivateur même, à faire renchérir les denrées ; il se dédommagera ainsi de l'impôt sur chacun des consommateurs. Si cet impôt est réparti sur les marchands et les fabricans, ils vendront plus cher leurs marchandises, et chacun des consommateurs se trouvera tributaire. S'il est immédiatement réparti sur la populace; comme elle ne possède rien, et qu'elle ne vit que du travail de ses mains, elle exigera de plus fortes journées. C'est ainsi que l'impôt a toujours une force expansive qui tend à se contrebalancer sur la sphère la plus vaste possible. En le considérant de ce côté, il paroîtroit indifférent qu'il tombât sur une classe d'hommes plutôt que sur une autre.

J'ai dit que chaque particulier partageoit le poids des impôts en raison de la consommation qu'il faisoit. Pour donner plus de jour à cette idée, supposons un étranger domicilié chez nous, qui ait trois mille écus de revenu qu'il tire de sa patrie. Supposons encore qu'il dépense, chaque année, tout son revenu pour son entretien. Il participe à l'impôt de notre pays, en payant pour la consommation qu'il fait, et pour celle de ses gens. Si les impôts montoient à dix-sept par cent de la valeur du capital, la-quote part de cet étranger seroit de cinq cents écus par an. Si les impôts sont répartis sur l'entrée des marchandises dans les villes, sur la vente de toutes les denrées, sur les maisons, sur les arts et métiers, comme ils le sont aujourd'hui presque par-tout, il est facile de comprendre comment l'étranger y contribue en raison de sa consommation. Mais si l'on n'impose que les propriétés foncières, il est plus difficile d'établir un niveau sur la consommation. Il paiera plus cher les denrées dont il a besoin que s'il n'y avoit point d'impôt; et en général, le prix de tous les services qu'on lui rendra sera proportionné aux charges du terroir qui nourrit ceux qu'il emploiera. J'en conclus que si le propriétaire d'un vaste domaine fait peu de consommation, sa quote-part des impôts sera très-mince. L'étranger qui demeure chez nous, est conséquemment de peu d'utilité à sa patrie. On aura moins de peine à comprendre ce que j'avance, si l'on fait attention que l'impôt réparti sur les terres, et conservant toujours la même uniformité, est plutôt une diminution momentanée de la valeur de ces terres, qu'une diminution de l'usufruit du propriétaire. Car s'il les vend, l'acquéreur ne les paie qu'en raison de leur rapport, et fait toujours auparavant la soustraction des charges auxquelles elles sont imposées. C'est ce qui a donné l'idée à quelques nations de défendre aux propriétaires fonciers de résider en pays étranger. Les lois directes qu'elles ont faites, peuvent bien empêcher le numéraire de sortir de l'intérieur; mais elles n'invitent pas les familles étrangères à venir s'établir sur leur territoire, à y acheter des fonds, à y apporter leurs richesses et leur industrie.

Pour dissiper les nuages qui enveloppent cette matière, considérons que celui qui ne possède rien ne peut payer d'impôts, à moins qu'il ne vole le propriétaire. Celui qui a des terres, des capitaux ou d'autres fonds, doit nécessairement payer les impôts des artisans qu'il occupe; car s'ils lui donnent leur temps et leur travail, il est juste qu'ils en reçoivent de quoi vivre et liquider la dette publique. J'en dis autant de tous les êtres salariés, et de toutes les marchandises dont il a besoin. Le marchand en retire naturellement le prix qu'elles lui ont coûté, plus les frais de transports, les impôts et les dépenses qu'il doit faire pour exister. Plus donc un propriétaire fera de consommation, plus il paiera d'impôts. Celui qui en sera trop chargé, cherchera à s'en dédommager sur le prix de ses marchandises. Voilà comme l'impôt se proportionne naturellement à la dépense de chaque particulier. Un propriétaire qui a acheté son fonds sur le rapport clair et net de trois et demi pour cent, en retirera tout le fruit de son capital. Comme propriétaire, il ne paiera l'impôt qu'en acquérant un droit soumis à la servitude. On ne perd rien de son propre, en en laissant l'usage à qui de droit. C'est ce qui arrive en payant l'impôt territorial.

L'idée que le souverain est co-propriétaire de toutes les terres, me paroît fausse; car il le seroit également de tous les magasins. Un homme paiera donc l'impôt en qualité de consommateur, parce que le prix des objets dont il a besoin est toujours en raison des impôts. S'il n'a qu'une certaine somme d'argent à dépenser, il fera d'autant moins de consommation, que les impositions sur les marchandises seront plus grandes. Le retranchement dans la consommation sera la portion de sa propriété déposée dans le trésor public. Celui-là paie plus d'impôts qui consomme le plus. Limpôt, comme je l'ai dit, se répartit en raison de la consommation.

Il semble donc au premier coup-d'œil qu'il soit indifférent d'imposer plutôt une classe qu'une autre. Mais cela n'est pas; puisque cette subdivision de l'impôt entraîne toujours après elle un certain désordre. Quand les propriétaires doivent prélever cet impôt, la subdivision sur le menu peuple ne rencontre pas d'obstacles ; parce que c'est le plus fort qui agit contre le plus foible. Mais si les impôts tombent tout-à-coup sur la classe la plus foible, la subdivision se fait avec bien plus de lenteur ; elle doit naturellement rencontrer beaucoup de difficultés, puisque c'est alors le plus foible qui demande raison au plus fort. Ces intervalles entre l'impulsion et le repos, sont les crises les plus importantes. Il faut toujours les observer avec soin dans les différens changemens que l'on fait subir aux impôts.

Le temps qui s'écoule entre la publication de l'impôt et sa subdivision est un temps de guerre et de révolution. Ce que je dis des impôts s'applique également aux changemens que l'on fait subir à la valeur des monnoies. Dans cet intervalle entre l'impulsion donnée par le législateur et l'équilibre, la classe sur laquelle tombe d'abord l'impôt, se trouve surchargée au-dessus de ses forces. Plus cette classe est foible, plus on doit craindre que l'industrie ne se décourage, et que les habitans n'abandonnent leur patrie. La première règle qu'il faut suivre dans la répartition de l'impôt sera donc : « De ne jamais peser immédiatement sur la classe des pauvres. »

On a cru que l'impôt se réduisoit à la fin à une capitation, et d'après ce principe on a imaginé que la forme la plus simple étoit de taxer également tous les habitans. Tel est le raisonnement que l'on a fait : « Tout homme, en raison de ses moyens, jouit du produit des manufactures ; il a plus ou moins de gens qui le servent ; il faut donc qu'il leur paye leur nourriture proportionnée au temps qu'il les a employés, et la portion de l'impôt qu'ils devoient payer pendant ce temps. En conséquence, la capitation se répartit également d'elle-même. Celui qui a la fin de l'année se trouvera avoir eu le plus de jouissances, aura aussi payé le plus d'impôts ; et le peuple qui ne possède rien se trouvera indemnisé. » Mais ce raisonnement est en contradiction avec la subdivision de l'impôt, c'est-à-dire avec l'espace de temps où le peuple fait la guerre aux riches. Joignez à cela le désordre que produit un semblable impôt, et l'odieux de la servitude à laquelle il réduit l'homme ; car s'il est basé sur les terres ou les marchandises, il ne tombe que sur les choses et non sur les personnes. La seule peine que l'on puisse infliger à ceux qui ne l'auront pas payé, sera tout au plus de les priver de la portion qui étoit redevable. Mais quand il tombe sur la personne, l'homme même, sa liberté, son existence se trouvent hypothéquées; et les lois qui devoient soutenir le pauvre et le foible, sont les premières à les accabler. Il n'est pas de coin de terre que les officiers publics n'aillent scruter: qu'un malheureux artisan ne puisse payer sa capitation, ils le réduisent à la dernière extrémité; enlèvent les instrumens de son travail, et ne lui laissent pas même les moyens de végéter à la sueur de son front. Toutes ces horreurs ne sont que trop communespar-tout où l'on perçoit la capitation. Il n'y a plus de liberté, sitôt qu'on ne distingue plus l'homme du propriétaire. Les idées morales ne peuvent s'allier avec la violence et les vexations journalières. L'industrie meurt au berceau; et quelles peuvent être les productions d'un état où les lois sont toujours armées contre les particuliers avilis et découragés? Les dépenses que l'on fait pour la perception de cet impôt sont un autre fléau. Il faut entretenir une armée de subalternes qui, en portant la terreur dans les campagnes, en dévorent toutes les subsistances.

Ces dépenses sont doublement funestes à l'état. 1°. Il est de toute nécessité que la somme des impôts surpasse ses besoins, puisque cette horde d'employés affamés doit en avoir sa part. 2°. Plus ils sont nombreux, plus ils pèsent sur le peuple; car n'étant ni producteurs ni médiateurs, et ne possédant rien, ils ne font qu'absorber sa subsistance.

Leur caractère odieux, l'habitude où ils sont de fouler aux pieds les principes et d'étouffer la pitié, les embûches qu'ils tendent aux particuliers pour les surprendre, soit qu'ils se trouvent en fraude ou non; toutes ces considérations, dis-je, devroient en faire diminuer le nombre autant que possible. La seconde règle que l'on doit suivre pour les impôts est donc: « De choisir la forme qui entraîne le moins de dépenses dans la perception. »

La capitation frappe immédiatement la classe du menu peuple, non-seulement quand elle est manifeste, mais encore quand elle est tacite et occulte. Tels sont les impôts répartis sur les articles de première nécessité; et sur-tout si le législateur s'approprioit certaines denrées pour les revendre au peuple. Le riche et le pauvre en font, proportion gardée, la même consommation; il est clair que quant à ses effets, cet impôt se réduit à une capitation.

Cependant, quoique cette capitation tacite porte avec elle un contraste dans sa subdivision entre le riche et le pauvre, l'exécution n'en est pas aussi odieuse que la vraie capitation : il y a toujours dans celui qui contribue une sorte de spontanéité. Le trésor public trouve sa garantie non pas dans l'existence pure et simple de l'homme, mais dans ses besoins indispensables.

L'impôt tombe immédiatement sur la classe des plus foibles quand il frappe les denrées les plus communes. Il est permis, en quelques endroits, d'accaparer certaines denrées, mais on ne peut les revendre en détail pour les besoins journaliers du peuple, sans paier un impôt particulier. Il en résulte que les plus pauvres ne pouvant d'un seul coup faire leurs provisions pour quelques semaines les payent, en les achetant jour par jour, deux fois autant que les riches. L'on sent aisément combien cette distribution des impôts est injuste et inhumaine; elle décourage l'industrie, et jette la consternation dans la caste la plus laborieuse de l'état. Il faut donc répartir autrement ces impôts, si l'on veut qu'ils deviennent utiles à la nation. J'ai dit plus haut qu'il y avoit un second vice dans la répartition de l'impôt, toutes les fois que la perception en étoit abusive. Ceci arrive quand le nombre ou les appointemens des financiers sont trop grands; car les frais retombent toujours sur la nation. Voici donc le problême qu'il faut résoudre : « Comment peut-on établir la plus petite différence possible entre la somme totale que le peuple paie et celle qui entre dans le trésor public, en laissant à la nation toute la liberté possible ? »

Il y a abus dans la perception de l'impôt, quand la répartition en est arbitraire, et que les financiers peuvent exempter les uns et surcharger les autres. Le foible qui est sans appui se trouve alors dans la cruelle alternative ou de souffrir avec patience l'injustice qu'on lui fait, ou d'intenter un procès à un homme puissant chargé du recouvrement, et qui a dans les tribunaux un facile accès. Il ne peut y avoir d'industrie où le particulier est plus fort que la loi. Elle est essentiellement liée à la sûreté des personnes et des biens, et à la liberté civile. La troisième règle sera donc « d'avoir des lois claires, précises, inviolables, qui soient observées avec impartialité à l'égard de tous les contribuables. »

Le troisième vice dans la répartition de l'impôt est quand il arrête directement la circulation ou l'exportation annuelle; en un mot, quand il enchaîne les bras qui seuls peuvent augmenter la masse des productions. Tout impôt réparti sur le transport des marchandises d'un lieu à un autre de l'intérieur met, comme nous l'avons dit, une barrière entre ces lieux. Il diminue donc le nombre des contractans et arrête la circulation. Tout impôt réparti sur le passage des routes, tels que les péages, les impôts sur les voitures, les chariots, etc., produit le même effet. Il tend à isoler les différentes parties de l'état, et empêche la communication. Tous ces différens abus ne regardent que l'intérieur. Ils éloignent et les acquéreurs et les vendeurs étrangers. C'est l'effet que produisent aussi les impôts sur les marchandises. Nous en parlerons au Chapitre XXXIV. Mais y a-t-il rien de plus nuisible, comme nous l'avons vu, que d'éloigner l'homme de son semblable, le village du village, l'acquéreur du vendeur, etc.? L'impôt sur les marchés arrête la circulation de l'intérieur; car, quoiqu'il n'empêche point le transport, il embarrasse la communication, met des entraves au commerce, diminue la circulation, et influe nécessairement sur les productions annuelles. Voici donc la quatrième règle : « Il ne faut jamais répartir l'impôt de manière qu'il augmente directement les dépenses du transport d'un lieu à l'autre de l'intérieur, ou qu'il éloigne l'acquéreur du vendeur. »

Si l'on veut mettre des impôts sur l'entrée des matières ou des instrumens nécessaires aux manufactures, on en diminuera les productions. Il en sera de même des droits de sortie. Les étrangers pourront même se pourvoir ailleurs, à moins que l'excellence de nos manufactures ne laisse point de concurrens. Si à mesure que l'industrie donne plus de valeur aux terres, à mesure qu'elle défriche celles qui étoient incultes, à mesure que le fabricant augmente le nombre de ses métiers, en un mot, si à mesure que l'homme plus actif, plus entreprenant cherche à améliorer son sort, on augmente proportionnellement la masse des impôts, on coupera les productions dans leur racine. Cinquième règle : « L'impôt ne doit jamais suivre immédiatement l'accroissement de l'industrie. »

Il n'est pas nécessaire que je parle des impôts sur les mariages. Ils sont infiniment nuisibles, puisqu'ils attaquent la population dans sa source. Il faut observer aussi que si l'on perçoit les impôts une ou deux fois par an, quelque temps avant le recouvrement il se trouvera un énorme *déficit* dans la circulation; le numéraire prendra un autre cours et le commerce en souffrira. Pour conserver une plus grande uniformité dans la circulation, il est donc nécessaire de diviser les impôts en petits paiemens.

CHAPITRE XXXI.

Différens points de vue sous lesquels on peut considérer l'Impôt.

J'AI fait voir, autant qu'il me le semble, comment la répartition de l'impôt pouvoit être nuisible à l'état. Observons maintenant sous quel point de vue il se présente au peuple.

Il est des impôts découverts, et tels sont les paiemens que font les particuliers au trésor public, sans en rien recevoir en échange, les contributions foncières, les péages et la capitation. Il en est d'autres moins sensibles, comme ceux que perçoit le souverain sur le sel, le tabac ou toute autre denrée; parce que celui qui achète paye en même temps l'impôt qui se trouve en quelque façon compris dans le prix de la marchandise. De cette nature sont tous les impôts qu'avance le marchand au nom du consommateur, en introduisant des marchandises étrangères, et que l'acquéreur paye sans presque s'en apercevoir, puisqu'ils sont confondus dans le prix de l'objet.

On peut encore considérer les impôts sous deux autres points de vue, comme forcés et volontaires. Les premiers sont levés sur les terres, les maisons, etc. Car si le particulier veut rester en sa patrie, il n'est pas en son pouvoir de s'en exempter. Les impôts volontaires, ou qui au moins paroissent tels, sont ceux auxquels un homme s'assujettit de son propre mouvement pour se procurer un avantage. De ce nombre sont les loteries. Je ne parle pas de toute sorte de loteries indirectement. Il en est qui sont fondées sur une juste proportion entre l'avantage et le hasard; d'autres ne sont que des objets d'utilité publique. Mais il y en a qui cachent une si grande injustice sous l'amorce qu'elles présentent, qu'elles font la honte de notre siècle. Comment un gouvernement éclairé peut-il se rendre coupable d'une friponnerie qu'il puniroit dans un simple particulier? Séduit par l'espoir chimérique d'une fortune brillante, le peuple ignorant vend ses meubles, ses vêtemens, et se réduit à la plus horrible misère, pour courir après une ombre perfide. Cet impôt volontaire est la source de tous les crimes. Les avantages qu'en retire le trésor public sont bien modiques, si on les compare à tous les maux qui en résultent.

CHAPITRE XXXII.

Sur quelle classe d'hommes faut-il répartir l'Impôt?

COMMENT répartir les charges publiques, sans les faire peser sur le peuple? Nous trouvons la solution de cette question dans les cinq règles que nous avons données plus haut. L'impôt le moins nuisible à l'état, est celui qui ne tombe point sur la caste la plus pauvre, celui dont la perception est la moins dispendieuse et la moins arbitraire, celui qui n'augmente point immédiatement les frais de transport dans l'intérieur, celui qui ne met point d'entraves entre l'acquéreur et le vendeur, celui enfin qui ne suit pas l'industrie de trop près.

Nous avons dit que les particuliers cherchoient toujours à se soustraire à l'impôt; la perception en sera donc plus facile, s'il ne pèse immédiatement que sur le plus petit nombre. Il en résulte deux avantages; le premier est d'avoir moins de débiteurs; le second de rendre la perception d'autant moins dispendieuse que les contribuables sont moins nombreux. Ceci posé; quelle est la caste qui doit contribuer immédiatement? celle des propriétaires. J'appelle de ce nom ceux qui possèdent des terres, des maisons ou des marchandises; ceux qui ont des fonds dans les banques publiques ou particulières. Il est juste que ces quatre classes supportent, en raison de leur propriété, toutes les charges de l'état; puisqu'ils ne jouissent pas seulement de la protection des lois pour leur personne, mais encore pour leurs biens. Quiconque ne possède rien, ne peut rien donner. Il n'y a donc que les propriétaires qui puissent remettre au trésor public une partie de leurs productions annuelles.

On a déja vu quelle est la force expansible des impôts, et comment les propriétaires chercheroient à se mettre de niveau, et feroient contribuer ceux qui n'ont pour tout bien que leur industrie, en la rendant plus active. Les propriétaires d'ailleurs peuvent seuls faire les avances des impôts, parce qu'ils sont les seuls qui en aient les facultés. Ils peuvent seuls en faire plus rapidement la répartition, en raison de la consommation de chaque individu.

J'ai dit qu'il étoit juste que les quatre classes des propriétaires supportassent toutes les charges de l'état en raison de leur fortune. Mais il est souvent nécessaire en politique de s'écarter de la précision géométrique, et d'éviter le très-bien apparent qui n'est que l'ennemi du bien. Il n'est pas question ici d'éviter tous les abus et toutes les injustices qui sont inséparables des impôts; nous traitons purement et simplement du choix qu'on doit faire des moindres inconvéniens.

Comment faire contribuer les capitalistes qui ont placé leurs fonds chez les particuliers ou dans les banques publiques? quant à ces derniers, il n'y a pas de difficulté. Mais pourquoi leur payer un intérêt et le diminuer ensuite? il vaudroit beaucoup mieux baisser les intérêts, comme nous l'avons dit ailleurs. Comment pourroit-on faire le cadastre des fonds placés chez les particuliers? Les obligera-t-on à mettre leurs dettes en évidence? Une loi aussi odieuse diminueroit cette partie essentielle de la circulation qui n'est appuyée que sur l'opinion, et l'industrie en seroit moins active. Si on s'en rapporte aux déclarations volontaires des particuliers, les fonds paroîtront bien modiques. Aura-t-on recours aux délateurs pour découvrir les rentes qu'on n'aura point déclarées? le peuple deviendra défiant, soupçonneux et corrompu. Quel registre tiendra-t-on des prêts? il variera chaque jour et n'aura rien de certain. Qu'on y joigne les dépenses des nombreux employés occupés à la recherche de tous ces différens élémens, et l'on verra qu'il vaut mieux exempter cette caste et répartir sur une autre la portion qu'elle devoit payer, que de se perdre dans ce chaos.

CHAPITRE XXXIII.

Convient-il de répartir toutes les charges de l'état sur les fonds de terre?

Il nous reste donc à parler des contributions imposées sur les terres, les maisons et les marchandises. Nous avons depuis peu des ouvrages très-profonds sur cette matière; on y soutient avec assez de justesse, que l'impôt ne doit tomber que sur les terres. Cette répartition répond parfaitement aux cinq règles que nous avons données; puisqu'elle ne pourroit jamais écraser les pauvres. La perception en seroit bien moins dispendieuse; il n'y auroit plus d'actes arbitraires; la circulation n'éprouveroit plus d'embarras, et l'industrie ne seroit point accablée, si pendant un certain nombre d'années les terres nouvellement défrichées étoient franches. On ne peut trouver de méthode plus simple que celle-ci. On feroit le cadastre de tous les fonds de terre d'après lequel on répartiroit les contributions. Tous les ans on pourroit faire le relevé des besoins de l'état, et connoître la somme des dépenses exigées pour les travaux publics, la réparation des grands chemins, des ponts, des chaussées, etc. On calculeroit les avantages qu'on retireroit des canaux, des fleuves, etc. avantages bien précieux, puisqu'ils rapprochent les peuples, et rendent l'industrie plus active. Toutes ces dépenses locales, ajoutées à celles que nécessite le service journalier, formeroient la somme des contributions à imposer sur les terres. Il seroit facile de trouver l'intérêt précis qu'on pourroit prélever sur les fonds. On tiendroit en chaque département des registres exacts de la somme des terres qu'il contiendroit, évaluées en écus, et du rapport de chaque commune. Le propriétaire verroit au premier coup-d'œil quelle est la marche des circonstances, et ce qu'il auroit à payer pour sa quote-part. Il y auroit en chaque canton un agent qui porteroit sa recette au temps prescrit dans la caisse du département. Il pourroit quelquefois faire l'avance des fonds, et sa garantie seroit hypothéquée sur tous les contribuables. La loi lui assigneroit pour les avances un intérêt au-dessus du cours. Les caissiers des départemens disposeroient des fonds selon les ordres qu'ils recevroient des autorités supérieures.

Mais si tout-à-coup on abolissoit les douanes, et l'on répartissoit tous les impôts sur les terres, il est certain qu'elles diminueroient de toute la somme du capital dont l'intérêt seroit égal à la somme des contributions nouvellement imposées. Si les impôts que paie une ferme augmentent de 35 francs par an, la ferme diminue à l'instant même de mille francs au moins, puisque les terres ne rapportent tout au plus que trois et demi pour cent. Ainsi le propriétaire en la vendant en retirera mille francs de moins. Quand même cette opération seroit avantageuse aux générations futures, parce que les fonds auroient changé de propriétaires; il resteroit à voir s'il est plus raisonnable de sacrifier entièrement le bien-être de la société existante au bonheur de ses successeurs qu'elle ne connoît point. Je n'en condamnerai pas moins l'insouciance de nos ancêtres qui nous ont fait porter la peine de leurs sottises, et ne nous ont laissé pour héritage que des dettes et des abus. Mais l'autre extrême est également vicieux. Tant que les mortels seront gouvernés par d'autres mortels, et que les opinions seront subordonnées au hasard, il sera toujours dangereux de s'exposer à un mal certain et sensible, pour chercher un bien certain et éloigné. Une nation ne peut prévoir les besoins et les circonstances qui peuvent survenir dans un long espace de temps.

J'ai dit Chapitre XXX, que l'impôt se répartit naturellement entre les consommateurs; mais quand il tombe sur les terres comme un orage, il les réduit à une servitude perpétuelle, en diminue la valeur, et appauvrit le propriétaire actuel. S'il vend son fonds, jamais il ne se dédommagera de la perte que lui a causé l'impôt; il la supportera tout seul. S'il ne le vend pas, l'usufruit ne pourra compenser son déficit, à moins qu'on ne prohibe toutes les productions étrangères de même nature. Cette opération seroit funeste au peuple, en ce qu'elle nécessiteroit l'établissement des douanes, et détruiroit la simplicité uniforme que l'on exige de l'auteur d'un pareil système. Selon moi, il seroit injuste de reverser tout-à-coup sur les terres une partie sensible des autres impôts que l'on auroit abolis. En effet, de quel droit fera-t-on porter à une seule classe toutes les charges de l'état? Les autres propriétaires ne sont-ils pas également redevables à la force publique, de la protection qu'elle leur accorde? Et le marchand et le cultivateur doivent donc contribuer également à ses dépenses, en raison de leur fortune. Si le fond des richesses d'une nation consiste dans ses productions annuelles, si ces productions viennent de la terre et des manufactures, il sera indifférent que le riche propriétaire appartienne plutôt à une classe qu'à une autre. S'il est juste qu'ils contribuent tous à l'impôt en raison de leur fortune, le marchand doit donc payer sa quote-part comme le cultivateur.

En donnant au marchand liberté plénière, au détriment du cultivateur, on fera refluer l'industrie vers les manufactures. L'agriculture se trouvera en danger d'être surchargée, si l'impôt sur-tout n'est point proportionné aux forces des contribuables. Il sera impossible au propriétaire foncier de se dédommager, si la nation peut tirer ses denrées de l'étranger; car il ne pourroit les vendre en raison de ses contributions, puisque le négociant en feroit venir à meilleur marché de l'extérieur. Supposez que la nation se trouve limitrophe d'un pays fertile, où l'impôt territorial soit très-léger; on donnera la préférence aux denrées étrangères qui entreront sans rien payer; à moins que le propriétaire foncier ne donne les siennes au même prix. L'impôt ne tendra donc qu'à diminuer constamment sa fortune, soit qu'il vende son fonds ou simplement sa récolte. Dans un état populeux et étendu, ce désordre ne se fera guères sentir que sur les frontières; mais dans une société moins nombreuse, il pénétrera jusqu'au centre et laissera par-tout des traces funestes.

Le propriétaire foncier paye réellement toutes les contributions directes et indirectes de l'habitant des campagnes. Ceci est évident, puisque sur les productions de l'année, il a à prélever les frais de culture, la nourriture et les impôts des individus qu'il emploie. Sa portion n'est donc composée que de l'excédent. Elle augmenteroit de tous les impôts des journaliers, si ils en étoient exempts. Toutes leurs contributions retombent donc sur le propriétaire. Il en est de même des impôts de tous ses domestiques; puisque celui qui n'a pour exister que le travail de ses mains, en retire de quoi payer sa contribution. Le propriétaire pourroit donc se décharger sur la portion de ses ouvriers de tout l'excès de l'impôt dont il est surchargé; et le fabricant pourroit diminuer les frais de la main-d'œuvre de toute la somme dont elle seroit elle-même libérée en reversant sur les propriétaires fonciers les impôts que payent les habitans des campagnes et les journaliers. Il en résultera deux avantages : 1°. Le trésor public sera plus assuré des rentrées ; 2°. Il n'y aura plus à craindre d'actes arbitraires envers le propriétaire, le cultivateur et les artisans ; et la perception de l'impôt entraînera moins de dépenses.

Mais il est à considérer que la cinquième partie de la population est renfermée dans les villes. Celui qui a calculé cette proportion est un des premiers écrivains qui ait traité cette matière. Elle se trouve généralement vraie dans la pratique, malgré qu'en dise un philosophe anglais. Dans les quatre cinquième qui habitent la campagne, il reste une portion sensible qui ne vit pas de l'agriculture, mais du négoce. La partie qui habite les villes n'est pas toute composée de propriétaires fonciers et de leurs journaliers. Il y a une caste de marchands et d'artisans qu'ils emploient ; toute la somme des impôts qu'ils payent à l'état venant à retomber sur les propriétaires fonciers, feroit une brêche réelle à leur fortune.

Quand toutes les contributions seroient

réparties sur les terres, il n'en est pas moins vrai que le propriétaire en seroit en quelque sorte dédommagé dans la consommation qu'il feroit en denrées, en vêtemens, en meubles, en chevaux, etc. Car le prix de tous ces objets diminueroit de toute la valeur des impôts qu'ils payoient auparavant et des frais de perception. Mais cet avantage pourroit-il balancer les charges qu'il auroit à supporter ? Oui, si la diminution des frais de perception égale la somme des impôts que payoient tous les individus qui n'habitoient point la campagne, qui ne possédoient point de terres, et qui n'étoient point aux gages des propriétaires fonciers.

CHAPITRE XXXIV.

De l'Impôt sur les marchandises.

Nous remarquons encore qu'en répartissant tous les impôts sur les fonds de terre, on perdroit tout le bénéfice que l'état peut retirer d'un tarif bien faitqui règle la taxe sur les rentrées et les sorties des marchandises. L'impôt sur les marchandises met une barrière entre les nations rivales; comme les franchises nous rapprochent des peuples dans la partie qui intéresse les productions annuelles. L'impôt sur la sortie des matières premières peut réveiller l'industrie des particuliers, et les engager à établir des manufactures, et conséquemment à augmenter les productions annuelles. L'impôt sur une manufacture étrangère peut donner plus d'activité aux fabricans de l'intérieur. Je ne m'étendrai pas sur ces élémens; ils ont été assez développés par une foule d'écrivains célèbres. La nation peut retirer de si grands avantages d'un tarif exact et d'un impôt sagement réparti sur les marchandises, qu'ils surpassent de beaucoup les frais de perception.

Je ne crois pas cependant que l'impôt sur les marchandises puisse jamais faire contribuer les terres étrangères au profit de l'état. Car ou l'on traite des marchandises étrangères introduites dans l'état, et c'est alors le consommateur de l'intérieur qui paye l'impôt qui leur est affecté; ou l'on traite des droits que l'on prélève sur la sortie de nos marchandises; ils retombent bien sur le consommateur étranger, mais non sur les terres. Le propriétaire foncier, comme propriétaire, ne paye jamais d'impôts;

ils retombent toujours sur le consommateur. Il est vrai que les consommateurs sont eux-mêmes propriétaires, puisqu'ils payent aux artisans qu'ils emploient toutes leurs consommations subalternes. Mais ce n'est point en qualité de propriétaires qu'ils paient l'impôt, mais en qualité de consommateurs. Si l'on veut faire payer de trop grandes contributions aux consommateurs étrangers, les nations qui nous rivalisent pourront, en donnant leurs marchandises à meilleur marché, réduire notre exportation à zéro.

Je ne crois pas que l'état peut retirer de très-grands avantages d'un tarif sagement imaginé, et d'un impôt réparti avec prudence sur les marchandises; mais je ne crois pas qu'il soit jamais utile d'empêcher l'exportation des matières premières, quoiqu'il soit avantageux de lever des droits sur les sorties. Nous en avons donné ailleurs les raisons; les lois qui prohibent l'exportation font baisser le prix, parce qu'elles soustrayent toute la somme des acquéreurs étrangers du nombre des vendeurs nationaux. Nécessairement on néglige la culture d'un article devenu peu lucratif. Quelques monopoleurs accapareront toute la matière première, et la nation n'en sentira jamais l'abondance, comme nous l'avons dit plus haut. Un impôt sagement réparti éloigne l'acquéreur étranger, mais il ne l'exclue pas, et ne donne pas lieu au monopole. Pour protéger l'impôt sur les marchandises, il est bon d'observer que plus elles ont de volume et de prix, plus on peut augmenter l'impôt, *et vice versâ;* car les particuliers sont d'autant plus disposés à frauder, qu'il est plus facile et plus avantageux de le faire. La peine naturelle que l'on inflige au contrebandier est la confiscation de ses marchandises.

Le tarif devroit être un vocabulaire simple, précis et portatif, où l'on trouvât par ordre alphabétique toutes les marchandises qui sont sujettes aux droits, avec la somme dont elles sont redevables aux entrées et aux sorties. Toute marchandise qui ne fait que passer devroit être franche; le commerce y gagneroit, et la dépense que font les conducteurs et voituriers suppléeroit à l'impôt. Car on ne peut l'établir qu'indistinctment sur le poids, ou en faisant une classe séparée des différens articles. Si on l'établit indistinctement, cent livres de soie ou d'or ne paieroient pas plus que cent livres d'une matière moins précieuse; ce qui seroit injuste et restreindroit le commerce des articles les plus ordinaires. Si on classe les marchandises, elles seront donc sujettes, sur leur passage, aux visites des employés. Le propriétaire ne voudra plus en exporter, parce que le conducteur se trouvant nécessité de laisser fouiller sa voiture, ne pourroit empêcher qu'on le volât ou qu'on ne lui fît au moins quelque dégât. Le peu d'avantage que l'on retire du péage, ne peut jamais à mon avis compenser tous les dangers qui en résultent. La franchise au contraire est si conforme à la raison et à l'intérêt public, qu'il ne peut en résulter aucun inconvénient. Les marchandises paient par mesure, par poids, par nombre ou par estimation. Le tarif devroit suivre l'usage reçu dans le commerce, et se servir de la même mesure. On ne devroit taxer par estimation que les articles qui ne se pèsent et ne se mesurent point; car il y a dans cette classe une grande différence dans la valeur capitale, même entre deux choses qui portent le même nom. Tout transport dans l'intérieur devroit être absolument libre et franc, et l'impôt devroit être uniforme dans toutes les parties de l'état. La totalité des contributions se trouveroit ainsi répartie sur tous les fonds et sur toutes les marchandises qui entrent dans le commerce que l'on fait avec l'étranger. Il s'en suivroit que le négociant soulageroit le cultivateur; les capitalistes pourroient employer leurs fonds à l'agriculture ou dans les manufactures; l'impôt se trouveroit réparti sur tous les propriétaires fonciers.

On a demandé, supposé que toutes les nations s'accordassent à abolir l'impôt sur les marchandises, de manière qu'elles pussent librement entrer dans un état ou en sortir, si cette opération seroit universellement avantageuse, et quels en seroient les effets? Puissions-nous espérer un si bel accord entre les puissances de l'Europe! nous en tirerions bientôt les conséquences. Ce sont les mêmes qui résultent de l'abolition de l'impôt sur la circulation intérieure d'une nation. On rapprocheroit les peuples; on donneroit plus d'ame au commerce; on réveilleroit l'industrie, et l'on multiplieroit les productions dans toute l'Europe. Les individus y trouveroient de plus grands avantages, et la puissance des états, c'est-à-dire, les relations qui subsistent entre eux seroient toujours les mêmes. Si l'on pouvoit espérer un accord aussi heureux, (dans un temps où l'on est convenu de réduire tous les poids et mesures à une uniformité générale, sans faire ni sacrifices ni dépenses), il n'est personne qui ne chérît un projet aussi sage. Il influeroit jusques sur la population, et rendroit la vie bien plus douce et plus commode. Mais tant que les étrangers mettront des impôts sur nos marchandises, et s'efforceront d'en diminuer chez eux la consommation, nous serons nécessités de leur vendre plus cher les matières premières qu'ils tirent de notre territoire, et d'imposer de gros droits sur les différens articles qu'ils nous envoient, pour faire pencher, le plus qu'il est possible, la balance de notre côté. Une nation qui ne suit pas cette règle est exposée à souffrir tous les maux qui peuvent résulter des impôts sur les marchandises, et renoncer à l'utilité qu'on doit en tirer.

En résumant la théorie de l'impôt, je dirai que la justice exige qu'il soit réparti sur chaque propriétaire en raison de sa propriété. Nous excepterons les capitalistes purs et simples, vu tous les inconvéniens qui s'ensuivroient. Il n'y a donc que les seuls propriétaires fonciers et les marchands qui puissent anticiper l'impôt que paie le consommateur. Toute contribution répartie d'une autre manière est toujours funeste à la nation.

CHAPITRE XXXV.

Méthode pour faire d'utiles réformes dans les contributions.

Il est peu de nations où l'impôt soit simplifié de manière qu'il n'y ait que deux perceptions, l'une sur les terres, l'autre dans les douanes. Un ministre des finances, quelque habile qu'il soit, pourra-t-il jamais démêler la trame de tous les impôts qui entravent les nations et captivent les particuliers ? L'impôt est l'ame et le nerf de tout corps politique ; il ne peut s'allier avec la force et la violence. Les anciens systêmes de finances ne sont que de vieux édifices élevés peu-à-peu sans plan et sans dessin. Ils ne se soutiennent qu'à force d'étaies. Ils crouleroient, si on s'avisoit de les ébranler tous à-la-fois. Il faut y porter la main avec beaucoup de précaution. Ce n'est que par des tentatives graduelles, et non par des opérations hardies qu'on doit chercher à en changer l'ordre.

On trouve encore des vestiges de la répartition de l'impôt dans les siècles de barbarie.

Sans aucune connoissance de la géométrie, on ne pouvoit faire la masse, ou le cadastre des fonds de toute une province. On prenoit pour base la population de chaque pays et l'impôt que l'on vouloit regarder comme immobile, n'avoit plus aucune proportion dans un temps sur-tout où les guerres et la peste étoient très-communes ; ou bien on faisoit tous les ans le relevé de la récolte. Cette opération dispendieuse étoit d'autant plus odieuse qu'elle laissoit aux employés le droit de répartir l'impôt selon leur caprice. Cette seconde méthode est la plus ancienne, et peut-être la plus conforme au génie étroit des gouvernans qui cherchoient la plus exacte proportion entre l'impôt et les facultés annuelles de chaque particulier ; ils ne pouvoient asseoir un impôt constant sur une fortune inconstante. Les taxes sur les marchandises n'étoient dans leur origine qu'un péage de tant par voiture ; de-là on les fit payer tant par cent de leur valeur, sans avoir l'idée de favoriser plutôt une branche de commerce que l'autre. Les besoins augmentèrent à mesure que les sociétés se civilisèrent, et l'Europe vit croître la masse de son numéraire. Les petits états furent incorporés dans les grands, et le système féodal venant à diminuer, l'Europe resta divisée en royaumes plus étendus. On vit des armées nombreuses et mieux organisées se faire la guerre. Les vices des deux cadastres des terres et du tarif ne permirent pas d'y ajouter de nouveaux impôts. On inventa les gabelles dans les deux siècles derniers, et l'on porta l'ineptie jusqu'à défendre des actions innocentes et mêmes utiles. On créa de nouveaux délits ; on incarcéra les particuliers ; on fit un nouveau code pénal, et l'on imagina le jargon des gabelles. Tel est le tableau que présente l'Europe. La France lui a donné l'exemple de la réforme, mais malheureusement elle a substitué aux anciens abus d'autres aussi pernicieux. Supposons qu'un ministre veuille simplifier la finance de manière qu'il n'y ait que deux seuls impôts, les douanes et l'impôt territorial. Comment s'y prendre pour exécuter graduellement et avec sûreté un projet aussi sage ? Il se gardera bien d'affermer la perception des impôts sur-tout en grande masse. Il en est qui ont déja prétendu que l'administration du législateur ressemble à celle d'un père qui dirige les intérêts de sa famille. Outre la haine que laissent après elles les fortunes rapides, il est dangereux d'avoir des fermiers trop puissans. Leur crédit a trop d'influence sur les lois. D'ailleurs, tout contrat qui limite la bienfaisance du législateur et les besoins du peuple, ne convient à aucune constitution. La vertu des magistrats est trop exposée quand elle a à lutter contre une compagnie trop riche, et qui a toujours de nouveaux besoins. Le législateur commencera par abolir une des contributions les moins importantes et des plus odieuses, et en reversera une partie sur l'impôt territorial. Il en attaquera ensuite quel qu'autre qui pèse sur les artisans, les fabricans ou les négocians, et, d'après un calcul bien réfléchi, il le remplacera par une augmentation dans le tarif, ou par un intérêt quelconque, ou bien encore il le répartira sur quelques articles plus capables de le supporter. Retournant ensuite aux impôts indirectes de l'agriculture, et passant graduellement aux marchandises, il en reversera une partie sur le propriétaire foncier, et l'autre sur le tarif. Il pourra à loisir examiner les effets de ses opérations, sans jamais troubler la tranquillité publique, comme il arrive toujours, quand on fait imprudemment des expériences trop importantes. L'humanité ne peut jamais permettre à l'anatomiste de s'instruire sur des hommes vivans.

Le législateur préparera les matériaux pour faire de salutaires réformes; il éclairera la nation sur ses vrais intérêts; il lui apprendra à raisonner sur la félicité publique. Une fausse politique se répandit en Europe le siècle dernier; les peuples s'appauvrirent, les banques publiques s'endettèrent, et les nations perdirent cette force et cette vigueur qu'elles ont réparées dans des temps plus heureux. On définit alors le gouvernement l'art de tenir les hommes sous le joug; toutes les affaires publiques se passoient dans l'ombre du mystère; population, commerce, finances étoient des objets absolument inconnus aux financiers. Personne ne pouvoit, ou n'osoit les mettre sous un point de vue. Le sentier des emplois publics n'étoit fréquenté que par la défiance et la dissimulation. Ce temps est enfin changé, l'Europe prend une forme nouvelle, nous savons fouler aux pieds les abus émanés de cette fausse politique. L'art de gouverner les peuples n'est plus aujourd'hui que celui de ranimer la prospérité. Les lecons qu'ont bien voulu nous donner quelques êtres transcendans sont gravées au fond de tous les cœurs; elles ont pénétré jusques dans le cabinet des potentats. Les esprits se sont électrisés; il en sort des éclairs lumineux qui marquent tout ce qui est relatif à la félicité publique. Une matière aussi belle mérite assurément plus notre attention que les vérités abstraites, les phénomènes de la nature, et les hauts faits de l'antiquité. La saine raison n'a été que trop long temps esclave.

On trouvera la preuve de ce que j'avance dans les livres publiés de nos jours chez tous les peuples, dans toutes les langues, sur l'Economie politique, le commerce, le gouvernement civil et l'impôt. On y a dévoilé au public avec une entière liberté des secrets dont on ne pouvoit parler sans être coupable dans un autre temps. On y a mis en problême si les lois sur quelques objets publics sont utiles ou non. Tout le monde peut s'instruire, penser et avoir son opinion. Il est donc du devoir d'un ministre habile d'entretenir dans le peuple le desir de s'éclairer sur les objets de finance et d'économie. C'est à lui à chercher les savans, et à les inviter à semer dans le cœur de la jeunesse les vrais principes du bonheur public. Il donnera un libre essor à l'imprimerie; c'est par elle seule que tout particulier peut manifester avec fruit ses opinions sur les objets d'utilité publique. C'est du conflit général que naissent les grandes idées. L'on voit souvent au milieu des songes et du délire germer des semences utiles à la prospérité de l'état.

Plus le peuple sera éclairé, plus il saura apprécier les bienfaits du gouvernement. Docile à la voix de la raison, sensible et reconnoissant, il ne laissera jamais entendre ces murmures qui font quelquefois pâlir le ministre. L'histoire nous apprend combien Sully et Colbert ont eu à lutter contre les abus consacrés par le temps. Je le répète encore, plus le peuple sera éclairé, plus le législateur pourra être assuré que les ministres opèrent le bien de l'état; car, bien même qu'ils ne fussent point portés naturellement à le faire, ils y seront forcés par le peuple qui aura toujours les yeux ouverts sur eux, en raison des lumières qu'il aura acquises. Il n'est donc point de moyens plus efficaces pour préparer une réforme, que d'éclairer le peuple et de nourrir sa curiosité sur les finances et le commerce.

CHAPITRE XXXVI.

Si l'Impôt par lui-même est utile ou pernicieux

On ne peut douter du bonheur d'une nation, si elle a su rectifier la répartition de l'impôt, et le réduire à la simplicité de deux seuls principes; si d'après ces mêmes principes elle a facilité la circulation de l'intérieur; si elle a donné toute liberté au transport; si elle a brisé tous les liens qui captivent l'industrie; si elle a des lois claires, simples, humaines, inviolables; si enfin elle respecte et protège la bonne-foi. Mais on pourra demander si l'impôt est utile ou non à l'industrie nationale? Différens auteurs sont pour l'affirmative. Ils s'appuient sur ce principe : l'impôt appauvrit les hommes, donc il augmente leurs besoins; donc il leur donne plus d'activité. Je crois qu'à ce raisonnement on peut opposer celui-ci : l'impôt soustrait pendant quelque temps à la circulation une partie sensible du numéraire; il diminue donc la circulation, et conséquemment l'industrie; puisque les desirs s'éteignent quand il y a impossibilité de les satisfaire, et le commerce se ralentit, comme on l'a vu. L'impôt d'ailleurs est une diminution du produit de l'industrie; donc il rend les hommes moins industrieux. Quelques écrivains considérant que dans les villes les plus florissantes on paie les impôts les plus onéreux, ont paru en attribuer la prospérité à ces impôts, tandis qu'au contraire c'est cette prospérité même qui les fait supporter. Si quelquefois une mauvaise opération n'a en apparence aucune suite funeste dans un état où l'industrie est pleine de vigueur et d'activité, cela vient de ce qu'une grande masse composée d'une matière compacte, étant une fois échauffée, perd plus lentement sa chaleur. Plus un état est resserré, plus il est facile de l'enrichir ou de le ruiner. Plus au contraire il s'agrandit, plus il faut de temps et de force pour le rendre heureux ou malheureux. On pourroit faire une peinture séduisante pour persuader que l'impôt est un bien. Jetons un coup-d'œil sur toutes les nations de la terre, nous verrons les pays les plus rians, les plus fertiles, habités par des peuples pauvres qui connoissent à peine l'industrie. Nous trouverons au contraire dans les climats les plus ingrats, s'ils sont habités, des nations riches et pleines d'activité. Le froid étoit nécessaire pour que l'homme inventât des habitations délicieuses où l'on jouit des plaisirs du printemps au milieu même des rigueurs de l'hiver. Il falloit que la mer menaçât d'engloutir une nation, pour qu'elle changeât son pays en jardins fertiles, et qu'elle s'enrichît aux dépens des étrangers. Placez sur des rochers nus et stériles un peuple sans cesse menacé de la faim, et vous le verrez devenir plus riche et plus heureux que ses voisins. La voix impérieuse du besoin met l'homme dans l'alternative ou de périr ou d'être industrieux. L'habitude va toujours au-delà des besoins; et l'on voit le luxe et les délices régner sur le sol même où la nature n'y avoit semé que la mort. Les impôts produisent l'effet de la stérilité; car si un champ cultivé par dix hommes dans un pays fertile, rend annuellement dequoi en nourrir trente, il restera au propriétaire la portion de vingt hommes qu'il pourra prendre à ses gages; cette portion formera son revenu. Un terrain ingrat de même étendue, également cultivé, ne rendra annuellement que pour en nourrir vingt; il ne restera donc au propriétaire que dequoi en entretenir dix. Mais si le propriétaire du terrain fertile est obligé de payer pour les impôts la moitié de son revenu, il ne lui restera de même que de quoi faire vivre dix hommes. L'effet de l'impôt territorial est donc, par rapport au propriétaire le même que celui de la stérilité originaire du terroir. Si, selon quelques-uns, cette stérilité rend l'homme plus industrieux, l'impôt, qui n'est autre chose qu'une stérilité artificielle, produit les mêmes conséquences.

Mais ce raisonnement ne peut servir de règle, parce que nous n'avons point de données. L'homme voit plus facilement les bornes immuables de la physique, que les opinions flottantes des gouvernans. Une longue expérience, qu'il a acquise par tradition, lui fait connoître quels sont les obstacles qu'il a à surmonter pour exister sur ce sol stérile, mais qu'il chérit, parce qu'il y est né. Il mesure ses forces avec les difficultés; il sait qu'il a besoin de telle quantité de travail, et qu'il pourra ensuite jouir paisiblement du fruit de ses peines. Mais quand la stérilité est artificielle, il ne voit qu'un obstacle odieux qui peut s'agrandir à mesure qu'il fera de plus grands efforts pour le vaincre. Il s'avilit sous le fardeau qu'on lui impose; il n'a plus la même confiance dans ses gouvernans, et s'abandonne à l'indolence.

Je crois donc que l'impôt en général ne tend qu'à diminuer l'industrie. J'en excepte seulement quelques contributions réparties à propos sur certaines marchandises aux entrées et aux sorties. En ce cas il peut être avantageux à l'industrie. Pour nous convaincre qu'il ne tend qu'à la restraindre, remontons aux principes dont nous avons parlé plus haut. Supposons qu'une société organise un gouvernement quelconque pour sa conservation, et qu'elle ne paie point d'impôts : aussitôt qu'une nation étrangère lui aura déclaré la guerre, une partie du peuple sera nécessitée d'abandonner l'agriculture et ses métiers, pour prendre les armes. Elle ne s'occupera de la défense publique qu'autant que l'autre partie travaillera pour la faire exister. Il est hors de doute que l'industrie nationale et les productions annuelles diminueront en raison du nombre des individus qui auront abandonné l'agriculture pour défendre leurs foyers. Au lieu d'attendre à la dernière extrémité, des particuliers se sont enrôlés au service de leur patrie, et n'ont d'autre profession que celle des armes. Les propriétaires, au lieu de remettre immédiatement à leurs défenseurs une partie de leurs denrées et des objets nécessaires à leur entretien, les ont échangés contre de l'argent qu'ils ont déposé dans le trésor public pour leur existence. L'effet sera donc le même dans un cas comme dans l'autre; c'est-à-dire que l'industrie et les productions annuelles augmenteroient beaucoup plus, s'il étoit possible d'exécuter le projet chimérique d'abolir tous les impôts, comme le plus sot et le plus cruel des successeurs d'Auguste osa le proposer au Sénat romain.

L'impôt sera toujours d'autant moins pernicieux, qu'il passera plus rapidement des mains des contribuables au trésor public, et de là à l'usage auquel il est destiné; car puisque l'on a donné un mouvement forcé à une partie du numéraire, elle doit donc rentrer en circulation dans le plus court délai possible. Si l'on distribue l'impôt dans le lieu même où il a été levé, il sera d'autant moins nuisible qu'on le divisera entre plus d'individus en sortant du trésor.

CHAPITRE XXXVII.

De l'esprit de Finance et de l'Economie publique.

Voici une observation digne de remarque : un ministre des finances ne doit pas agir d'après les mêmes principes qu'un ministre d'Economie publique. Les plus mauvaises lois de finance sont les lois indirectes. Elles sont au contraire les meilleures en Economie publique : je m'explique. Si en finance on peut percevoir un impôt par des lois indirectes, défendre, par exemple, à tous les particuliers une action, non dans le dessein réel de la prohiber, mais pour les forcer à acheter une patente; cet impôt coûtera beaucoup plus à la nation qu'il ne rendra effectivement. Souvent il entraînera après lui la corruption, la vénalité et la perte du temps. Si l'on reversoit sur les terres une somme qui correspondît à cet impôt, ne seroit-il pas beaucoup mieux réparti ? Examinons tous les cas où l'impôt est indirect, et nous trouverons que c'est avec raison queplusieurs auteurs en ont jugé la forme toujours vicieuse. La finance doit être claire et simple; elle va droit à son but.

Mais l'Economie publique marche par des sentiers détournés. La première cherche à enchaîner les hommes le moins qu'il est possible dans la répartition de l'impôt; la seconde tend à multiplier les productions annuelles le plus qu'il est possible. Celle-ci demande plus de délicatesse et de sagacité; l'autre veut plus de mouvement et d'activité. Je vais éclaircir mes idées par quelques exemples. Supposé que l'on veuille augmenter la population d'un état, défricher les terres incultes, et perfectionner les productions : ce projet, tout sage qu'il est, ruineroit la nation si on vouloit le faire exécuter par des lois directes; si le législateur, au lieu d'inviter et de guiderles particuliers, avoit recours à la force et à la violence. Les lois directes seroient, par exemple, d'empêcher le peuple de sortir de l'état; de forcer tout individu âgé de vingt ans à se marier; d'ordonner aux communes de cultiver toutes les terres de leur canton; de les contraindre à préparer de telle ou telle manière la soie, l'huile, le vin qu'elles recueillent. De telles lois dépeupleroient l'état et porteroient par-tout la désolation ; l'émigration seroit générale, parce que l'homme préfère le pays où il peut vivre librement, à celui où il est enchaîné; les prisons seroient remplies de malheureux garçons qui n'auroient d'autre crime que celui de n'avoir pas voulu trahir une fille en l'associant à leur misère. Les communes seroient exposées aux exécutions militaires, pour n'avoir pu cultiver leur terrain faute de bras. Les vils suppôts de l'inquisition porteroient le trouble jusque dans la chaumière paisible du laboureur. La fermentation deviendroit générale; la confusion, le désordre, l'avilissement forceroient le peuple désespéré à implorer le secours de ses voisins. Il iroit chercher une nouvelle patrie pour y couler des jours plus sereins à l'ombre de la vertu.

Un ministre d'Economie arrivera au même but par des voies indirectes. Il fera respecter le lien conjugal par des prérogatives et des honneurs; il ranimera l'industrie en lui aplanissant la route et élagant toutes les difficultés; en rendant plus assurée la propriété, qui est le bien le plus précieux de l'homme en société; en imprimant aux particuliers la persuasion intime de leur sûreté personnelle, qui seule constitue la liberté civile. Il réveillera enfin l'activité du peuple par tous les moyens que nous venons d'indiquer. On verra la population faire de rapides progrès, l'agriculture fleurir, et tous les arts se perfectionner.

CHAPITRE XXXVIII.

Comment peut-on remédier aux abus ?

On a vu quels sont les principes moteurs de l'industrie, et les obstacles qui en arrêtent le développement; on a observé ensuite comment on pouvoit opérer une réforme heureuse dans l'état: il me reste à indiquer les moyens qui me paroissent les plus efficaces pour faire cette réforme. Les hommes sont esclaves de l'habitude; leur raison n'est que le résultat des lois, des coutumes, et des anciens usages de leurs pères, dans lesquels ils ont été bercés. On peut facilement se convaincre de cette vérité, en consultant les tribunaux. Semblables aux corps immortels, ils s'éloignent très-lentement de leur ancienne route. Gardiens fidèles des lois et du système de l'état, ils adoptent difficilement une nouveauté. Tout individu qui vient prendre place dans leur temple, est nécessité de se conformer à la manière de penser générale. Plus ces tribunaux sont respectables aux yeux du public, plus chaque membre, appréciant l'honneur d'y être admis, s'attachera à leurs principes. On ne vit jamais un collége ancien tenter ou exécuter une bonne réforme.

Une assemblée nouvelle se créera difficilement par elle-même un principe commun et universel où doivent se réunir toutes ses opinions. Chaque individu, quelque bien intentionné qu'il soit, a toujours son point de vue particulier d'après lequel il considère l'ensemble. Comme plusieurs architectes réunis ne pourront jamais faire un dessin régulier et uniforme, je crois de même qu'il est impossible à un rassemblement de particuliers d'organiser un bon système de réforme. Si sur-tout ils se laissent entraîner par les passions, les haines, les inclinations, ils perdront de vue l'objet principal pour lequel ils étoient assemblés, et bien loin d'être utiles à la nation, ils l'entraîneront vers sa ruine. L'histoire des peuples ne nous en fournit que trop d'exemples. Quand il est question de faire exécuter des lois déja décrétées, il me semble donc qu'il est utile et même indispensable d'en faire dépendre la décision de l'opinion de plusieurs. S'il s'agit au contraire d'organiser un système, de marcher à un but déterminé, de vaincre tous les obstacles qui peuvent se rencontrer, et qu'on n'a pu prévoir, il faut en laisser la direction à un seul agent. C'est ainsi que la dictature chez les Romains les tira toujours d'embarras; les décemvirs au contraire ne leur firent que du mal. Dans la décision des cas particuliers, la diversité des opinions sert de frein à l'injustice. Mais quand il faut agir et sur-tout avec promptitude et célérité, sans s'écarter de son but, je ne crois pas qu'on doive avoir recours à la pluralité. Voulez-vous simplifier l'Economie politique et réformer les anciens abus? créez un pouvoir despotique pendant le temps nécessaire pour mettre en action un système sage et bien réfléchi.

CHAPITRE XXXIX.

Caractère d'un Ministre des Finances.

Pour gagner la confiance de ses concitoyens, un financier doit avoir les qualités suivantes : toujours considérer les hommes faits pour les emplois et non les emplois faits pour eux ; résister à toute espèce de séduction ; ne connoître ni parens, ni cliens, ni amis ; peser les services que peut rendre le sujet qu'on lui propose et non la personne qui le présente ; être prêt à sacrifier ses passions sitôt que la voix sacrée du devoir se fait entendre ; captiver le peuple par son air doux et affable, et lui rendre agréable l'administration de l'impôt ; aimer sans jalousie le succès des subalternes ; être impartial et attaché à la vérité ; ne rechercher que l'utilité ; entrer dans les plus petits détails, sans oublier l'ensemble ; connoître à fond les principes moteurs de l'industrie ; savoir analyser la nature de l'homme et de la société ; desirer ardemment le bonheur des mortels ; avoir enfin une profonde connoissance des circonstances du pays sur lequel il doit opérer. Mais la nature ne prodigue pas ses présens.

Plus il y aura d'hommes éclairés dans l'état, plus il y aura de probabilité que le législateur trouvera un ministre tel que nous venons de le peindre. Il n'est pas besoin que je l'avertisse de le mettre à une épreuve rigoureuse avant de lui confier une autorité aussi étendue, et qui a tant d'influence sur la tranquillité du peuple. Son choix une fois fait, le législateur ne doit opposer que de la fermeté et de la constance à toutes les réclamations et les inculpations des méchans. Il faut dans le temps d'une réforme la plus grande activité possible, afin d'abréger les momens de la mise en exécution du nouveau système. C'est alors que le pouvoir arbitraire doit être nul; on ne doit plus reconnoître que les lois. Les hommes meurent, et les systèmes restent. Il faut choisir les hommes pour les emplois, comme si tout le succès dépendoit de leurs vertus; il faut organiser les systèmes, comme si l'on ne comptoit point sur les vertus de ceux qu'on a choisis. De même qu'à Rome les dictateurs n'avoient plus aucun pouvoir dès qu'on n'avoit plus besoin d'eux; ainsi, quand la crise est passée, et que l'administration des finances est réduite à la plus grande simplicité, on pourra confier à plus d'individus la garde des lois, dès qu'elles seront conformes aux intérêts de la nation.

CHAPITRE XL.

Caractère d'un Ministre d'Economie.

J'AI fait voir quelles doivent être les qualités d'un ministre des finances, il me reste à désigner celles d'un ministre d'Economie. Il doit être sur-tout actif à détruire, et très-prudent à édifier. La plupart des objets qu'il a à toucher, recusent la main de l'homme. Il faut qu'il sache lever les obstacles; briser les liens; aplanir les routes; multiplier les productions; augmenter la liberté civile; ouvrir un champ vaste à l'industrie; protéger par de bonnes lois la classe des producteurs; mettre le cultivateur et l'artisan à l'abri de la puissance des riches; rendre le commerce facile; entretenir la confiance; punir la fraude; défendre avec prudence et fermeté les intérêts du peuple, qui sont toujours ceux du législateur; ne jamais désespérer du bien, mais aller au devant, en éclairant la nation, et répandant par-tout les vérités les plus utiles. Tels sont les devoirs qu'il a à remplir. Pour le reste, il l'abandonnera au souverain moteur de l'univers qui, par des lois immuables, unit et désunit les êtres sans rien détruire, sans laisser rien d'inutile. Heureux celui qui le reconnoît en son cœur, qui obéit à sa voix, qui marche dans le sentier qu'il nous a tracé, et ramène le malheureux qui s'en est égaré! L'erreur seule et les préjugés sont les tyrans de l'homme; ils aveuglent les nations et les plongent dans la misère.

FIN.

TABLE

DES CHAPITRES.

FIN DE LA TABLE.

www.ingramcontent.com/pod-product-compliance
Ingram Content Group UK Ltd.
Pitfield, Milton Keynes, MK11 3LW, UK
UKHW021137260726
13994UKWH00001B/181

9 782329 349091